丁伟锋：

期货交易

实战技巧 | 丁伟锋 ◎ 著

山西出版传媒集团 山西人民出版社

图书在版编目（CIP）数据

丁伟锋:期货交易实战技巧 / 丁伟锋著. -- 太原：
山西人民出版社，2024.9. --ISBN 978-7-203-13539-5

Ⅰ. F713.35

中国国家版本馆 CIP 数据核字第 2024MJ6831 号

丁伟锋:期货交易实战技巧

著　　者：丁伟锋
责任编辑：魏美荣
复　　审：傅晓红
终　　审：贺　权
装帧设计：卜翠红

出 版 者：山西出版传媒集团·山西人民出版社
地　　址：太原市建设南路 21 号
邮　　编：030012
发行营销：0351-4922220　4955996　4956039　4922127（传真）
天猫官网：https://sxrmcbs.tmall.com　电话：0351-4922159
E-mail：sxskcb@163.com　发行部
　　　　　sxskcb@126.com　总编室
网　　址：www.sxskcb.com

经 销 者：山西出版传媒集团·山西人民出版社
承 印 厂：廊坊市祥丰印刷有限公司

开　　本：710mm×1000mm　1/16
印　　张：13
字　　数：180 千字
版　　次：2024 年 9 月　第 1 版
印　　次：2024 年 9 月　第 1 次印刷
书　　号：ISBN 978-7-203-13539-5
定　　价：98.00 元

丁伟锋荣获 2015 第九届全国期货实盘交易大赛轻量组冠军

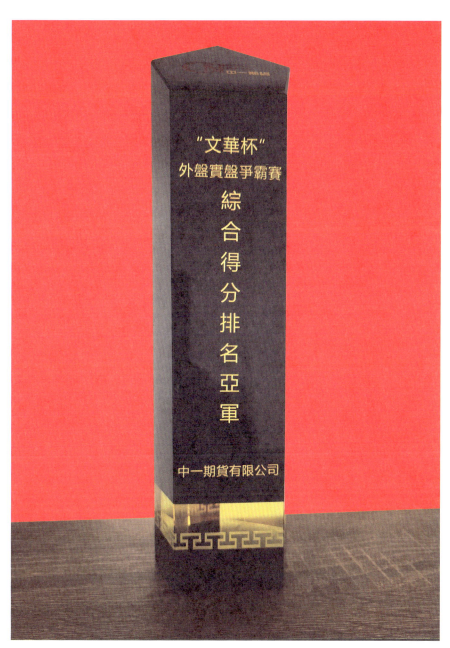

丁伟锋获 2018 年 "文华杯" 外盘实盘争霸赛综合得分排名亚军

丁伟锋获 2018 年"文华杯"外盘实盘争霸赛新交所人民币收益第一名

丁伟锋获 2020 年第二届"文华杯"百万豪车外盘交易争霸赛新交所橡胶累计净利润冠军

在看准的机会上敢于重仓

陈邦华

在 2015 年《期货日报》举办的第九届全国期货实盘交易大赛中，参赛账户"沙漠草 1 号"将轻量组冠军收于囊中。该账户的实际操作人为丁伟锋，他是通过网络了解实盘交易大赛并报名参赛的。相关统计数据显示，实盘交易大赛期间，该账户交易的品种主要为中金所、郑商所、大商所的期货品种，盈利金额排名前三的品种分别为沪深 300 股指期货、焦炭期货、豆油期货。赛后，丁伟锋发表感言说，参加第九届全国期货实盘交易大赛是一种历练，是向高手学习的机会，更是认识自己不足的机会。

丁伟锋 2007 年进入期货市场，到 2015 年参赛时他的期货生涯已经有 8 年时间。此前他一直做权证，后来权证品种被取消了，他想做日内交易，于是就选择了期货。与期货结缘后，丁伟锋就被期货的魅力深深吸引。丁伟锋认为："期货最大的魅力在于杠杆，更在于杠杆由自己控制，对手就是自己。"投资者面对的是一个变幻无常的市场，要想做好期货交易，一个必要的条件就是专注，此外还需要热情，更需要不断学习。

对于参加实盘交易大赛以高净值获得轻量组冠军，丁伟锋说："取得这样的成绩有些出乎意料，有运气的成分，因为我遇到了比较适合自己的行情。"

如果说通过实盘交易大赛，还需要在哪些方面进行提高，丁伟锋认为，应该是在胆量上，在看准的机会上敢于下重仓，更要敢于做波段。

丁伟锋日常的交易策略基本是突破跟进，有小收获就及时了结，所以他更擅长日内波段操作，仓单较少过夜。为了更好地适应实盘交易大赛节奏，他的操作策略有所调整，更注重曲线的回撤，日内更敢于重仓出击。

在交易品种的选择上，他一般是看成交量与持仓量，操作的品种一般在 6 个左右。他觉得方向判断更重要，不轻易操作，一般都是顺着趋势去操作，看准了再动手。因为是做日内交易，实盘交易大赛中他每天会操作 50 ~ 100 次，是积小胜而成大胜的操作理念，一笔单子持仓周期多数在几分钟，偶尔过夜，第二天开盘也就平了。

对于风险与亏损，丁伟锋说："风险让人如履薄冰，我控制和规避风险的方式就是尽量做日内交易，仓单不轻易过夜，回避外盘的不确定性。如果一笔单子出现亏损，我会把亏损控制在 3% 以下。如果出现连续多天亏损，我会让自己放下包袱，不受昨天或者更长时间亏损的影响。"

在实盘交易大赛半年的时间里，和很多脱颖而出的参赛者一样，沪深 300 股指期货既是丁伟锋盈利最大的品种，也是回撤最大的品种。盈利最大是因为看准了做对了几个小波段，回撤最大则是因为这个品种在当年 6 月以后是最难做的，波动太快且波动幅度太大，很多人在这个品种上栽了跟头。

丁伟锋总结股指期货大起大落带给自己的启示："交易不要太主观，

更不要用自己的想法死扛，及时止损是很有必要的。"

交易中丁伟锋最看重的是正确率，即把握住确定性大的行情。丁伟锋说："要做自己有把握的行情，更要敢在看准时重仓出击，但不是时时重仓出击，要把不符合交易标准和预期的交易剔除掉。"

交易空闲时间，丁伟锋更愿意投入学习中去，看看大师们的著作，比如利弗莫尔的《股票大作手操盘术》、江恩的《商品期货教程》、克罗的《期货交易策略》。另外，关注宏观经济的发展，操作层面要多把握大方向，找出能看懂的技术走势再操作。"我喜欢做日内交易，一个简单的道理就是，可以每天对自己总结复盘，直面人性的不足。虽然不是每天都可以重仓出击，但可以每天都操作。"

期货是一个长期学习的过程，不是轻松赚钱的地方。在丁伟锋看来，如果没有客观的操作系统，没有一套能够稳定盈利的操作技巧，千万不要借钱做期货，更不要借大资金操作，要给自己预留出失败后再战的资本。

"交易者要不断学习，更要控制风险。对于新手来说，我建议把资金分成 10 份，每次爆仓后，再入资金还有机会。"丁伟锋说，市场容不得一次孤注一掷的错误，时刻提醒自己，期货交易就如同在高速公路上开车，只有慎重，再慎重，才不会出现车毁人亡的局面。

这是我们《期货日报》当年采访丁伟锋的一篇稿子，在今天来看仍有深刻的参考作用和借鉴价值。每个选手，大赛中如果要出成绩，那肯定要做到稳、准、狠。稳，就是要尽量少操作，只做自己确定的机会和品种；准，就是在日内要确定方向后再去操作；狠，就是敢在盈利的行情中持重仓与加仓，把握大机会，这样才能做得比较好。

对此，我深表赞同。代为序。言之切切，勉为其嘱！

（作者为期货日报社社长）

为期货投资者打开成功之门

李小军

　　丁伟锋是一位经验丰富的期货操盘手，自从 2007 年进入期货市场，已经持续探索了 17 年。他对金融投资的兴趣早在大学毕业时就开始萌发。我和他一样，都是计算机专业出身，因此对系统和软件都很熟。丁伟锋曾在一家集团公司从事软件开发工作，这使得他能够将所学知识应用于实践。后来他毅然辞职，加入一家电脑公司，希望在那里能够有更好的发展机会。然而，即使在新的工作环境中，丁伟锋仍然感到不满足，因为他始终觉得自己应该在资本市场中发挥自己的潜力。他再次辞职，全身心地投入资本市场中。这并不是他一时冲动的选择，因为在工作之余他早就学会炒股了。

　　早年，要想改善生活品质，丁伟锋只有两种选择：一是创业，他在苏州，可以从事实体经济；二是进入资本市场。他深知投资是一条充满风险的道路，同时也意识到，这条道路能够实现自己的梦想和追求。然而，丁伟锋的投资之路并不像他想象的那样顺利。从 1998 年开始交易股票，接下来的几年里他并没有获得理想的收益。直到权证交易的出现，他的收益才逐渐增加，对投资也开始变得更加自信。

后来，权证交易取消了，他才正式迈进期货市场。一开始，他的账户反复起伏，虽然没有亏到失望，但似乎看不到盈利的希望。丁伟锋回忆说："这段经历中充满了痛苦的折磨，这是许多操盘手共有的经历。幸好我坚持了下来，因为我怀揣着一个梦想，始终没有放弃。"

尽管没有交易高手来引导，但在互联网时代，丁伟锋善于学习高手的经验，比如，葛卫东的一些交易思想对他产生了积极的影响。期货高手葛卫东说过，他一开始使用几个手机轮流下单，后来放弃了不确定的行情，只做有把握的交易，交易次数越来越少，只需要一个手机就可以了。这让丁伟锋茅塞顿开：做有把握的交易，交易次数减少，亏损自然减少，成功率也相应提高。实际上，交易就是这样，简单重复，顺势操作是最好的技巧，方向非常重要，看准了方向就要果断行动。

通过理解并执行这个原则，再加上多年的积累和反思，丁伟锋终于迎来了持续盈利的时刻，他的交易也变得越来越稳健。例如，在半年时间里，他以超高的收益率轻松获得第九届全国期货实盘交易大赛轻量组冠军。在 2015 年股市大跌之前，丁伟锋准确判断了一波行情，并严格进行操作，单账户收益超过七八百万元，这是不错的交易成绩。

经过这么多年的历练，丁伟锋在期货交易方面的表现越来越出色。但在这样一个高杠杆、高风险的市场中，他始终如履薄冰，时刻严控着风险。在他的交易历程中，虽然没有经历过爆仓，但也有几次因为及时止损才避免了糟糕后果。因此，对他来说，严控风险，就是一直在耳边响起的警钟。

重仓不止损，结果可能是致命的。丁伟锋身边就有一个真实的案例，这个人从事铜实业，业务一度做得很大，所以进入铜期货。实业与期货是两种不同的操作理念，最忌讳把实业理念搬到期货中，这个人就不幸中招。在期货中出现亏损后，他不以为意，一直坚持不止损，不断加仓，最终爆仓了，还输掉了他的实体产业，遭遇了悲惨的结局。"这样的教训太过惨痛，足以警醒市场上的每位投资者，一定要严控风险，头悬达摩克利斯之剑。"丁伟锋总结。

多年的期货实盘经历给丁伟锋留下了深刻的体会：想要取得成功，必须勤加学习，付出比别人更多的努力，并且不能盲目行动，要找准自己的定位。他认为每个操盘手都希望学到一种能够一招制胜的绝技，但这样的交易机会并不经常出现，需要耐心等待。在等待的过程中，要积累心态、技术、资金量和基本面等方面的综合能力。

除了交易，丁伟锋非常喜欢阅读书籍。比如学习《孙子兵法》，他体会到了古人的智慧，这种智慧同样可以应用于期货交易。比如学习老庄哲学，他学会了放下，学会了淡定。他深知，无论成功还是失败都要保持平和的心态。至于投资方面的书籍，丁伟锋特别推崇"股票大作手"系列图书（齐克用译著，山西人民出版社），认为这是一套值得反复研读的好书。

我特别推荐丁伟锋的期货实战技巧，这是他十几年从事期货交易的精华总结，实用、可操作性强。善于学习的人，总是能抓住机会，希望这本书能为广大读者打开一道成功之门。

[作者为交易之家创始人　盘立方创始人，
著有《职业交易员的自我修养（认知篇）》]

突破多周期共振，突破人生

江　涛

　　全球杰出的交易大师、股票大作手杰西·利弗莫尔关于交易有两个核心要点：

　　一是截断亏损，让利润奔跑；二是顺应市场趋势，不要与趋势对抗，顺着市场的主要趋势进行交易，在有利的趋势中，不要过早地结利出场，让盈利尽可能多地增加价值。

　　无论是交易新手还是职业期货交易者，做交易都是一场持久的修行。作为过来人，我深知，做好期货交易，一定要掌握其核心要领，也就是利弗莫尔这两个要点，归结下来，就是要做好资金管理，并顺势而为。我非常赞同丁伟锋先生的主张：资金管理，是生存的核心，顺势交易是所有成功者的核心秘诀。顺势而为其实就是多周期的共振，大的方面而言有宏观面、基本面、技术面三个共振，每次的大行情，无一不是三者共振的结果，在这样的行情中，唯一要做的就是坚定持有，如果想创造神话就常浮盈加仓。此外，还有技术面的多周期共振，是丁伟锋在书中要讲的重点——分时图实战交易技巧。多周期共振的目的就是打破原有的平衡，创造一波新的趋势行情，这是我们广大投资者要重点把握的。

丁伟锋先生将日内交易行情分成看得懂与看不懂的两种。看得懂的行情基本只有 20%，看不懂的行情则占了 80%，这就需要在交易中耐心等待机会。最难看懂的行情是每天开盘后的 15 分钟与收盘前的 15 分钟，因为它的形态是很不稳定的，没办法把握共振，无论多空都很难判断准确，这时候只能观察，基本不要操作。每天开盘后观察 5 分钟，价格能否站在 5 分钟线上，在上面就做多，在下方就做空。日收盘与夜收盘前的时段，因为有跳空风险，也是不好把握的，所以要尽快结束战斗，震荡行情在提前 15 分钟离场，有趋势的行情也要在最后 5 分钟止盈离场，如果符合自己大方向预期，可留一个轻仓次日操作，这种行情就不是可以把握的行情了。

日内交易，比较有把握的是结合多周期共振，最有把握的就是技术分析手法，通过价格形态、成交量、持仓量、多空力量的对比，再配合资金管理技巧去操作。看不懂的行情还包括波动特别大的，有如过山车，没什么规律可循，这时最好去掉波动特别大的，这样的时段要过滤掉，避免做错。

有规律的行情，包括单边趋势行情、震荡和箱体行情，这类行情有价格波动，有成交量的变化，要选择机会参与，如果没有成交量或者成交量太小，也没有参与的必要。

期货交易中，因为自带杠杆，人人都有贪欲，那么风险控制显得尤其重要。所以，要在每个品种的操作中，根据自己的风险偏好，提前设好止损与止盈，基本上就可以实现小亏大赚的目标，明白这个道理后，只要等待交易机会即可。

交易机会多数蕴藏在有突破的行情之中。突破是指形态突破，最简单的形态有三角形收敛、横盘突破、箱体突破，所有的趋势都会有一个从收敛到突破的过程，在收敛到极致时就是要打开突破，这时要结合大周期，判断行情突破的方向。除了大周期与大形态，小周期与小形态中还有 W、M、V、U、剪刀手这类结构，通过阻力线、支撑线去判断行情的有效性、确实性，只有确定性较高，胜率与盈亏比关系平衡较好的形态，进去操作才有较大的把握。当然也会出现判断失误、操作延误、没有遵守纪律的情况，一旦出现错误就按提前预设的资金管理模式来做，即按照科学地止损与止盈方式，截断大亏损，保持利润。当然，这是说有失误的情况，如果是对的趋势交易中，尽可能调大止损幅度，让利润奔跑。

突破的表现，往往伴随着量、能的变化。量的突破是指突破价格均线或大的成交量，在同期上有不同用法，上涨过程和下跌过程中量的要求是不同的。上涨过程需要持续均匀放量，下跌则不同，下跌只要跌破一些关键位时放量，下跌趋势就还会继续。这时还看动能，大周期趋势和多空力量的对比，还要结合周线、十日线、月线来判断。

总之，如果形态可靠，要结合大周期去设置止损与止盈，要在小结构、小形态上做功课，练好技术基本功，这样做日内交易是稳健的，尽管有时候会有小亏损，但能抓住大盈利的机会，尤其是积少成多，能实现长期稳定的盈利，这不就是广大交易者最希望做到的吗？

很多人把期货交易当赌博，那么他们操作时会带很强的主观性和随意性，对输赢有很强的执念，最终要么陷入技术的迷宫无法自拔，要么频繁交易，屡战屡败，是做不长的。

"对自己的突破，就是能够克制自己的贪婪与恐惧，坚信自己一定能在期货市场上生存，并全身心专注于交易，这就是我对多周期共振突破的理解。"丁伟锋是这样说的，也是这样做的。

我很欣赏丁伟锋这种态度和见解。交易是一个不断修行的旅程，只为遇到无为的自己，最终实现对自我的突破。在交易中修行，有一套自己的客观交易系统，每天一致性输出自己的交易逻辑，顺势而为，截断亏损，让利润奔跑，最终享受交易带来的丰足人生。

　　丁伟锋是成功的，他的善心和孝心被传为美谈。在我看来，丁伟锋是一个真正以交易为生的人，他不仅找到了交易的法宝，更找到了家庭幸福的秘密、生命的价值、人生的意义，过着自己想要过的生活。

（作者为中国人民大学量化对冲研究员，清华大学 MBA，

著有《投资心学：量化交易、天道与内功心法》）

期货实战，务必做到知行合一

从事期货实战，我们首先要打通认知，明白它的底层逻辑和运行规律，操作时就可以做到"知行合一"。

在投资领域，知行合一中最难的是认知，目前在程序化交易里面，已经体现得淋漓尽致了。一个系统是否能挣钱，我们不会去怪电脑执行时歪曲了我们的意志，我们只能怪自己的执行策略、交易逻辑没有设计好，导致跑偏了或走偏了，这些都是知的层面。而电脑硬件和网络的问题，都可以忽略不计。

美国"量化交易之父"西蒙斯公司旗下有一个大奖章基金，这家基金年化收益率能达到百分之七八十，那是他们公司的核心策略，是用钱买不到的，而其他所有的硬件设备都可以从外面买到。只有核心的认知和策略，是行业顶尖高手研发出来的，是最宝贵的，从来不对外。

在交易的世界，人人都想交易稳定盈利，如何达到这个目的，首先我们的认知要正确，能够引导一个好结果的策略，那才是正确的认知；然后在这个认知上面要求自己，严格按纪律操盘，每天改变一些执行的不足；如果我们的认知有问题，那我们的操作越快，执行越坚决，结果可能会越坏。

第一，知难吗？如果它很难很复杂，一般人就很难掌握，所以我们的知就要简单，能复制，不能太复杂。复杂了，就像我们到目的地有几十条路，让我们选择一条，那我们肯定会有选择性困难；如果只有一条路，告诉我们必须从这唯一的路走下去，不能有二心，我们反而目标单一，能更快地到达目的地。这是我多年的经验，所以本书所讲的策略和技巧务求简单，甚至是单一，这个效果反而是最好的。

如果做量化交易、程序化的话，其实思路就更明确了，因为在一段程序里面，电脑执行的认知，就是一个指令，然后等待触发的条件（即信号）就可以了，这就是程序化的知行合一。因为它执行很简单，不会让我们无所适从，恰恰是人类，想法太多，贪欲太大，所以首先要在认知上加以调整，学习也是要学简单能执行的技巧，方能派上用场。

第二，再来看行。如果是个人从事交易的话，就要求一个人自律修行，没有监督的话，是很难做到知行合一的。尤其是独自摸索得到一个正确答案的交易者更难，因为当我们得到一个正确交易系统的话，往往需要十年八年地摸索，反复地折腾，才可以形成一个简单纯粹的交易系统，而且要跟着时间和形势的变化加以调整，否则你弄出来就落后于时代。

整个过程可能总结了几百种方法，最后形成一套自己的独特系统，梳理出来后，就像练成了一套武林绝学。当然，这是果，过程其实是很痛苦的，其间各种各样的方法经常会打架，经常会误导我们，一会儿一个变化，最后是取长补短得来的，能够用之于实战。

第三，知行要配合。交易中的知行合一，是一条艰难的修行之路。我们知道交易者中能够修得正果的，寥寥无几是吧？交易者一个人要知又能行，两者能结合好的，那真是少之又少。我在培训了50多期之后，学员们普遍反馈，在我这里学了一个星期后，回到家经常复盘与练习，基本上都能赚到钱。头几个星期，有目标有纪律，知道自己要做什么。但是，一离开老师，没有严格的纪律，没有有效监督的话，执行起来技术会变形，或者行情不好导致了几次失败，于是对所学就没信心了，慢慢也就松懈下来，回到原点，这是大部分人的通病。

有一个方法是可以解决这个问题的，那就是知和行分开，比如我把量化策略交给电脑执行，效果非常乐观；但是交给人，就非常不乐观。一个人面对电脑，面对各种各样的信息，会有各种各样的想法，执行起来就不再是单纯的策略，不能一致性地输出自己的交易逻辑。最后往往会重新梳理，不断把这个策略固化。还有一个好办法，比如找一个老师，或者两个自律性很强的人一起学习，相互监督，在一个体系内讨论，把知、行分开，知的人只要管行情与技术，行的人只要管纪律与风险，配合执行，效果才能出来。这种方法普遍被机构采用了。

在一个简单的交易系统里，做到知行合一的效果都是很好的。本书的这套系统和技巧，比较来说，是具备足够的确定性、可操作性，只要给大家一个正确的导向，确定性较高，胜率和盈亏比有效结合，不再有其他的声音出来，不再有其他杂念干扰，执行起来要更加坚决，不对的、不懂的、忽悠人的，那坚决不做。

我做了这么多年的期货实战，经常到各投资机构与证券公司给员工做培训和经验交流，清楚广大交易者的短板——最重要的是要有一个确定性高的交易理念（即认知），一个有正向结果的交易系统，剩下的就是行了。有了认知，理念掌握到位，师傅领进门，修行在个人。我们得在这个基础上面去执行，或者是修行，才能有正确的结果，这是知和行的结合。

在期货实战中，交易者务必做到知行合一，那要求是很高的。先学习知识和技巧，打通认知，再严格自律，不想当然，在正确的方法和系统指引下，不停地加以强化，不停地复盘，形成自己独特的体系，最终方能勇猛精进，稳定盈利。

丁伟锋

2024 年 6 月 1 日

目 录 ┆ CONTENTS

如何做好期货日内交易

　　证券交易，是一门集科学、技术、艺术于一身的综合学科和实战技巧，另外还包括情绪、心理、哲学等因素在内。顶级的交易大师方可用"艺术家"来称呼，像江恩、利弗莫尔、格雷厄姆、克罗这些人，少之又少；当我们没有成为交易的艺术家之前，我们可以把交易当成一门手艺，通过反复打磨技术，研究战法和交易系统，来提高准确性和收益率。通常来说，在我们还没有成为交易大师和艺术家之前，我们只能用常规的技术和微薄的收益来养家糊口，奠定职业根基。

一、交易是艺术，也是修行

　　作为交易者，尤其是期货交易者，重要的是知道什么事能做，什么事要放弃，然后将能做的事简单重复，找出其中的规律与确定性，熟能生巧，赚取回报，这跟传统的手艺是一模一样的。比如说有人想成为一名木匠，那重点就需要跟木头和家具打交道，学会各种木匠手艺，用工具把木材加工成想要的器具，比如桌子、凳子、椅子、柜子，等等，而且有一定的审美价值，这就是木艺。有人想成为一名厨师，那就需要研究菜系和菜谱，把各种各样的食材通过烹、炒、煎、炸、蒸等技术，加入各种佐料和辅料，反复试验，方能做成一道人间美食，这就是厨艺。任何一门手艺，都是知道自己要什么，然后通过工具、技术和加工的过程，达到目的，享受成果，交易也不例外。

　　期货交易如果是从头学起，很多新手会发现无所适从，要么是暴利，要么是爆仓，非常极端，而且很容易被误导走向后者。因为诱惑太大了，到处都是机会，只要行情一启动，思维就会被动地跟着行情走，而且加上杠杆，赚的时候赚翻，赔的时候赔死。交易受市场情绪影响很大，心随行情而动，如果我们没有很强的天赋与纪律性的话，很容易迷失自己。我想说的是，各行各业都有自己的道行与规律，专业的事情一定要交给专业的人去做，至少你要走在专业学习的路上。**一个基本的常识就是：我们只能赚到自己认知范围内的利润，或者我们选择对的人，请他们赚到其认知范围内的钱（当然也能承受亏损），越界必被坑。**

假如你什么都不懂，又到处投钱，那你碰到的人只能是骗子，最后把自己弄得倾家荡产。在做交易之前，这个事一定要想明白：自己的目的是什么？自己能做什么？最后能否接受这种选择的结果？在交易市场里，我们有两个选择，第一个是深入了解这个行业，做个懂行的人（不一定要懂技术），然后做出选择，自己做或者找合伙人一起做，最终目的是赚到钱，这是操作层面的选择。第二个是找职业机构或者信得过的人，各方面考察都可以，直接投资给那个机构或者那个人操盘就行了，赚很欢喜，赔也能接受，这是委托层面的选择。

我们正在从事的交易，其实更像一个艺术家（比如画家）。在专业学习之前，我们看别人画画，觉得很容易，感觉自己也能够画任何东西。但当我们自己去画的时候，就不是那么一回事了，画得一塌糊涂，自己都看不清楚画的是什么，更别说成为艺术品。术业有专攻，每个行业的高手，都是千锤百炼的结果。我们只有掌握了一定的理论和技法，反复地观摩练习，通过无数次的实践，画出来的东西才像模像样。比如郑板桥画竹子，已经历练了千百回，当胸有成竹的时候，画出来的竹子既有造型，又有神韵，成为人人赞赏的佳作，就是这个道理。

从古至今，就算懂得某种技法，真正能够沉下心来，有天赋并且付出巨大努力的人，才能成就一番事业，再加上一点运气，最终方能成为杰出的艺术家或者大师，这样的人少之又少。我们从事交易，一定要想明白自己能做的，首先是在这个投资市场里面生存，不被淘汰；再者是要追求活得不错，生活有品质；理想的是实现财富自由。当然，"以交易为生"只是一个口号，或者是一个理想的目标，其实它很鸡肋，不能当饭吃。在这个行当里，生存是相当难啊，以期货为例，粗略估算有 90% 的人是亏损的。那我们怎么能成为 10% 中不亏的那一个呢？更别说成为凤毛麟角的交易大师。那我们唯一能做的是什么呢？以我稳定盈利过来人的经验，除了交易的常识和理论，必须掌握一些实战策略，比如我在这本书中分享的分时图要点和各种技巧，以及从中复盘，一次次分析和总结，再提高自己交易的确定性。技巧又有很多种，我们选择自己好用的，准确性高的，反复练习，最后才能够做到"画"得形神俱佳。**我相信，跟我一起学习后，严守纪律、悟性高的人，不仅能够掌控全局，交易做得游刃有余，顺手赚到应得的利润，更能带动全行业的进步，帮助更多有志于"以交易为生"的人。**

本书是我做期货日内交易中经常使用的技巧和方法，我将这些技巧组合成简单易行的原理，告诉大家在实践中如何结合基本面行情、形态走势、价量关系来综合运用。具体来说，就是教你怎么入场，怎么离场，怎么止损和止盈，怎么做好资金管理，形成一个完整的交易系统，再加上提升心理抗压能力，持续一贯地操作，稳定盈利就是再正常不过的事情了。需要说明，本书主讲期货日内交易技巧，大家不需要将所有的方法都掌握，也不是掌握的方法越多越好，我们只从简单实用的开始，不贪多求大，也不花里胡哨，就是最实用的技巧，能派上用场。

我常说，交易带给我们的是精神与财富上的改变，这种改变是其他行业所不具备的。交易不纯粹是技术，还有更多心理和人生感悟的因素，它像是人生的一种修行。我很欣赏交易境界三阶段的类比：一是看山是山，看水是水；二是看山不是山，看水不是水；三是看山还是山，看水还是水。学习交易和做交易都有这样的感觉。一开始感觉学习的都是有用的信息，什么都学，拼命地收集过来，不停地学各种方法，但其实不知道所学的东西能不能用，因为没有准确的目标和足够的确定性。在现实中，走运的人给出来的方法，看起来很花哨，或者还能在一定范围内赌中行情，由于我们没有理解透，会形成依赖，反而会越学越差，扰乱了自己的常规体系。真正成功的方法和境界往往是在第三个阶段，看山还是山，看水还是水，我们要知道每个问题的前因后果，而不仅仅只追求这个"果"。**所以我常说，掌握几种胜率高的技巧，其确定性较高，能实时把握，又能简单地重复，资金容量可控，把这些技巧扎实掌握，灵活运用，就等于掌握一套秘诀了。**就如婴儿出生后都是先学趴着，再学坐着、翻身、爬行，最后才是学走和跑，对吧？这些技能都是一项一项学会的，前提是简单有效、适用当前阶段、能有助于成长。对于普通交易者来说，交易之路基本上都是在黑暗中摸索前进，脚下的路都不知道，方向也没有，要是没有指明灯或领路人的话，自己独自去找道路与方向，摸索的时间太长，成功的概率是很低的。

　　想要进入期货市场，只有一个简单的赚钱想法，没有自己的交易系统和策略技巧，不知道如何盈利和控制风险，或者因为其他事业做得很成功，就认为自己做期货也一定行，有这些情形的人想做好期货，基本是一件很难的事情。如果我们对交易市场规律很了解，有人告诉我们一种方法或者几种方法，其胜率较高，确定性较大，盈亏比较大，这时候我们再去做，只要严格执行，这些方法和技巧的成功率还是很高的。

想学好交易，我们得提高自己的能力，学会辨别真假交易方法，知道在哪里发力，最终才能学以致用。我常说，学习层面是"为学日益"，但一定要知道操作层面是"为道日损"，这是什么意思呢？就是学习的东西越多，在操作上越要做减法，有判别能力。我们来看"努力"二字，"努"字上面是个奴隶的"奴"，下面是力量的"力"，合起来就是奴隶要出力，这是一种被动的用力。真正操作的时候，我们的努力只需要等待，等待一个好机会。因为等待本身也是一种行动，在期货上等待更是一种超强的能力。

比如，在行情没有给出条件的时候不做，坚决减少交易；机会来了，我们能够分得清楚大中小，然后把握时机，做到"当狂则狂，当狷则狷"——静若处子，动如脱兔，这就是等待的定力。千万不要行情一动，心就乱动；心一乱动，手就乱动，胡乱操作一通，然后赔得倾家荡产，这是要不得的。很多人每天都很努力，一年下来时时刻刻在关注行情，累得半死，胆战心惊，但最后成功率总是不高，收效也很低，为什么？因为交易很特殊，从来不是努力得来的，我们在操作上面越努力，反而亏损越多，单说一个手续费，交易越多，手续费都可以抵得上本金，光给平台做贡献了。所以，看不清楚的时候不能做，不能努力去找机会。

期货交易给了我们机会，我们把握住机会，就可能实现财富自由

的梦想。对于职业交易者来说，从事期货交易是一项长期而主动的工作，当下行情要有定力，耐得住寂寞，静静地等待时机，有大机会就做，没机会就缩手不动，这是交易中最核心的一个动作。所以，在趋势行情中，也不要努力地想要在极限点平掉，根本不需要这样去努力。我们只要顺势持有，就会发现波澜壮阔的行情，会比我们预想的要长远一些。如果我们努力把原来的仓位给平掉了，就感受不到这个行情，也不能实现财富自由。所以，当交易行情走出波澜壮阔的大势时，我们要有足够的耐心持仓，等待钓一条大鱼（图1-1）。

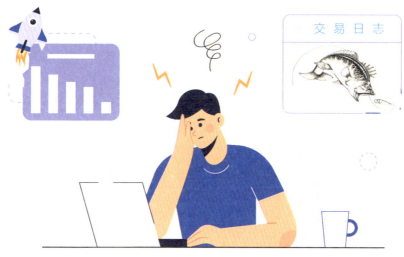

图 1-1 交易就像钓鱼一样要有足够的耐心

二、实战技巧，帮你实现财富自由

期货交易是实现财富自由为数不多的道路之一，但要慎重交易，因为它是一把双刃剑，可以将人送上天堂，也能一夜之间将人推入地狱，这样的案例非常之多。交易是一门让人发狂的职业，既有兴奋，也有疯狂。交易的成功因素是多方面的，最主要的还是人性的控制力和技术的配合。因此，在做交易之前，我们必须做好周全的准备，防控风险，以免越努力，跌入地狱的风险越大。如果不想坠入地狱，就要控制住自己的欲望，当我们的欲望超出我们的能力，或者我们的能力达到很高的觉悟程度，控制的办法就是做好资金管理。

因为我们看到，即便是全球最伟大的操盘手，也有不少人大富大贵之后，多次破产，最后自杀、跳楼的不在少数。就算天赋与能力都很强的操盘手，也需要做好资金管理。我们知道，一个人爬得越高，就会摔得越惨，这种情况要尽可能避免。**交易，最好的办法就是做好资金管理，这也是我们保证工作持续性、保命的根本性问题，务必重视。尤其对广大非职业的散户来说，下面这句看似轻描淡写的话，其实就是一个资金管理的核心——用我们的闲钱来做交易。**做投资交易，首先要务本，把本职的事业干好，有一份工作和收入，在有余力和闲钱的基础上，做点交易，有赚更好，亏一点也不影响，这样心态会比较放松，执行技术不会变形，交易反倒做得很顺。同时，我想提醒大家，不要老想着交易一定会赚钱，一门心思想着赚钱的人，又找不到方法和系统，你就要亏得起，心态上要拿得起放得下；再者，不要想着交易一定能跑赢通货膨胀，大部分的钱如果购买定期储蓄或长期国债，总体上还有稳定的利息。所以，交易就是有赚有亏的游戏，说是一种赌博游戏也不为过，认知上能接受，就会少很多烦恼。

多数人做交易，是奔着财富自由梦想来的，这个梦想没有错，一定要脚踏实地，为梦想付出努力。我一次次地告诫广大投资者和朋友们，做交易要做好理财规划，一定要用部分钱做交易投资，最好是用闲钱做投资。尤其是做期货，我们知道它本身带了很高的杠杆，不仅可以做多，还可以做空，那些交易的资金，其实在杠杆的作用下已经变成了 10 倍、20 倍的本金，用这些钱去做投资，如果做得好，盈利是很快的，做不好就很容易爆仓。

在交易中，我们一定要知道，盈利是自己想象的一个美好的未来，现实总是很残酷——目前证券交易领域只有 10% 的人盈利，而 90% 的人在亏损，说白了，就是这 90% 亏损人的钱，进入 10% 赚钱人的口袋。由于大部分人没有更多的钱去大亏，所以真正暴富的人可能会更少。明明这么险峻的路，为什么还有这么多人要从事投资交易呢？这就是投资交易的魅力。做好资金管理，就像在山道上加装了一道护栏，那么我们在山道上走路时就没有那么惊险。除此，关于技术方面的操作，我会放到后面的章节中详细讲。

我国的期货交易起步较晚，而要成为金融强国，必须有做得好的期货高手。比如现在进口最多的原油与铁矿石，如果在趋势当中做好顺势，就可以为国家节省很多外汇。大到为国家创收，小到为自家创造财富，生活会更美好。做好教育，不只是能够实现自身的财富梦想，还能为国家做贡献，是一个光荣的职业，有这样的道德高度也是一种修为的表现。

广大期货交易者如果能做好波段交易，尤其是日内波段，就会发现，交易的机会多如牛毛，每天都有几十个品种和上百个出行情的波段，就看各人的想法和操作习惯。**只要我们能在自己的认知范围内从上百个波段中抓住几个机会，然后严守交易纪律，不因为行情的波动和心**

态波动乱操作，坚守自己的交易原则。从始至终，都需要在这个交易纪律和交易原则中提高自己的技术和定力，最终才有可能实现自我的价值和财富的目标。

交易很难，其中有很深奥的知识和技巧策略，需要我们去挖掘，从而不断地提升技巧和执行力。分享一下我自己的经历，我选择做交易并把它作为职业，因为我认知很清楚，就想要实现基本的财富自由，但不是暴发户那种。一般来说，赚钱有两种方式，一种是用钱生钱，比如投资；还有一种是做实业、贸易、服务等。不管用哪种方式，要实现财富自由都不是易事，都是体能、智力、情商等综合能力的体现。对于我们普通人、普通交易者来说，想要赚钱又不求人，不去挖空心思搞关系，只想简简单单地实现财富梦想，那交易就是最好的途径之一。

在千篇一律的故事中，听闻很多大佬只是做了一大波行情或者几波行情就暴富了，有些人理所当然能够感觉自己也能做到，只不过是电脑上操作几下，财富就到手了。事实哪有这么简单？那些暴富的案例是幸存者偏差（可能万分之一都不到），他们本人也只是展示了一两次大赚特赚，而忽略了数百次的失败，更忽略同期其他90%的失败者。所以说，交易这条路就是万里挑一，最终胜出的人少之又少，它不仅是与一个市场在博弈，更是与全球精英在博弈，最本质的还是与自己博弈，这是一个要求很高的市场。

这个市场需要有技术，而技术的逻辑是归纳法，归纳法的形态会怎么走？这种技术的概率如何？通常说，交易的逻辑主要看胜率或者盈亏比，哪个比较高，只能选一个，如果两个都能占，那就能立于不败之地，事实上是不存在的。鱼和熊掌是不能兼得的，就好比赌场也只能选择一个，它只要胜率上比赌客多个 5% 左右的优势，长期来说它就是稳定盈利的。就像现在澳门赌场的老板基本上都暴富了，澳门居民的人均收入也在世界前列。为什么？因为当地的博彩业是经济命脉，赌场老板有 5% 的胜率优势，他们就能稳赚。一般赌客去下注，赌客的胜率只有 47.5%，而赌场老板的胜率是 52.5%，多出 5% 的优势，就能够源源不断地为澳门创造财富。**换到我们的期货市场，我们只要能够找到胜率占优的策略，或者盈亏比大于平均数的技巧，就能保证长期稳定盈利。**

这个策略是怎么来的？它其实跟赌场的套路一样，赢在概率优势。我们知道数学上的概率逻辑，体现在百家乐游戏中，不管以前开了多少把闲和庄，都不影响下一把闲和庄出现的概率都是 50%，就像扔硬币的正面和反面一样，各占一半。相比赌博来说，交易市场里，我们有多种方法来提高自己的胜率或者盈亏比，这两个参数是能战胜其他交易者的法宝，且只能二选一。第一种长线策略就是采取低胜率，其胜率可能只有 30% 多点，就能够最终实现财富自由，这个胜率只要抓住一波大行情就足矣。第二种短线策略，它的盈亏比可能只有 1：1，但是胜率高，超过 50%，而且能够反复获利；不过这个策略有一个不足，就是盯盘累，频繁交易，手续费高。当手续费高到超过胜率之后，比如说我们的胜率是 52%，但是手续费就要占到盈利的百分之六七，那不管我们怎么努力，最终赚的利润都会变成手续费，自己只剩下一点点。综合来说，我们要追求一种高胜率、高盈亏比的策略，虽然没有绝对，但总能找到一个平衡点，在这个平衡点上，机会和盈利相对来说都是一套比较好的交易系统。如果找到这样一个系统，我们就有了长期稳定盈利的工具，这也是写作本书的目的。

前面说了，胜率或者盈亏比只能选择一个，要么选高胜率，要么选高盈亏比，而且还是机会比较多的系统，明白这个道理，交易才能够做到胜出且稳定盈利。除此，还要有一个比较完备的心态系统，从容淡定，知道在什么山上唱什么歌，切勿生出"在井底想吃天鹅肉"的想法。很多人在努力学习交易，看各种书，报各种课程，其实只是一种交易之外的学习态度，愿学习总是好的，它可以验证，最终学以致用。交易的结果是我们自身交易系统的反映，如果你的交易系统没有建立起来或者不完善，就会存在很多缺陷（BUG），我建议我们不要去努力交易。**有了自己的交易系统，并且有符合预期的盈亏策略后，我们就要有一个坚定执行的信念。我非常推崇期货大师斯坦利·克罗的一句话："有了自己的交易系统后，交易者最重要的素质就是——纪律！纪律！纪律！"**其他盲目乱动带来的结果都是未知的，有可能赚有可能亏，但是长期盲目操作肯定是亏。

这个选择高胜率或者高盈亏比的综合方法和技巧出来之后，才是靠谱的，我们要的就是坚定地去执行，并最终将这个执行培养成信仰。这就是我们交易的本质，这就是我们的逻辑体系，其他都是人云亦云的东西，再怎么经典，并不一定适合我们。适合我们的体系，就是最好的策略与技巧。

交易之外，我们还要不断地调适心态，提升修养，如果最终想成为一名交易大师或艺术家，必须由此前进。艺术就不只是细节、技巧、体系，还有气吞山河的气度与格局，更有与天斗与地斗其乐无穷的精神。

做交易的人，所有经历的人和事，都是人生起起伏伏的节点，不经历痛苦，我们怎么能体会甜蜜的人生？我们一定要相信，在交易市场里面，每一次的盈亏，其实都是提升自己的机会，要学会反省、反思和改进，这样我们整个的交易系统也会慢慢完备。种上种子，东风一吹，绿芽破土，勤于浇灌，最终我们通过技术与修为，能够突破瓶颈的限制，实现财富自由（图1-2）。

图1-2　财富的播种、积累与突破

在我们的交易水平没有成为大师之前，要先做一名工匠，在交易市场里慢慢成长，由亏损变成盈利，再到财务独立，破茧成蝶，最终向财富自由和交易艺术家的境界前进。

三、摒弃主观，把客观交易做成系统

在交易中，会有各种各样的操作。如果是按自己的方法进行主观操作，当赚了点钱，要不要急着出场？当亏了钱，要不要继续买进？怎么买？如果是按照客观操作方法，有可能会错过机会。市场上永远有赚不完的钱，自己总是想方设法去摸顶和抄底，当前的价格已经涨到了高点，涨不上了就去做空；如果是下跌趋势到了低点，认为价格肯定要反弹了，于是选择做多。这种主观的态度就决定了我们在操作之前，起心动念有了贪欲，有了主观的预判，于是想去赌一把大的。这样，心态就难以平静，心情会跟随行情波动而波澜起伏，决策时难免会影响到交易。

主观的操作里面还包括基本面中一些道听途说的消息，比如减产和增产等。突发安全事故对交易盘面的影响，只会影响一个开盘价，因为这个消息是突发的，没有预估，它的影响基本上局限在开盘前几分钟，导致一些波动，但不会轻易改变趋势。

做交易，千万不要主观判断，主观交易就会产生贪婪、恐惧、后悔等负面情绪，紧随其后就会出现困惑和迷茫，越做越焦虑。后悔是让我们从一个错误走向另外一个错误，它是一种击毁自己交易系统的负面情绪。因为我们后悔没做，然后行情走出来了，会更后悔。这时候我们不再是清醒地等待一个入场时机，只想去摸顶抄底，有贪婪的想法，这样操作时就会失去理智，而不是等待系统给出客观的信号。如果我们能够客观地、理性地将所有的操作都按照系统设定的去做，那最终会超越自己，达到与市场融合，顺理成章地获得利润。

既然主观交易能赚钱的可能性不大，那我们就一定要坚持客观交易。什么是客观？客观就是理性地分析当前所有价格变化和动态信息，并做出判断，科学地交易。既然所有的信息都反映在我们的操作盘面上，那就尊重盘面，分清 K 线的发展方向，顺势而为。如果我们只单纯地看价格，不结合当前的走势、基本面信息、成交量和持仓量等，其实是没有意义的，对我们判断下一步价格走势没有太大帮助。**所以，交易中一定要重势不重价，价格对于我们来说只是一个指标，一定要结合各种信息、多种指标，才能给出方向性的指导意见。**

客观交易还包括价值投资，它是另外一个范畴，是综合考虑了基本面的信息才产生的一个有效的策略。当价值投资的机会出现，再按资金管理的要求提前做好布局，这个话题是一个长线策略，不是本书所讨论的范畴。

趋势交易是一种主流的客观交易方法。在趋势行情中，要运用客观的消息来判断走势、形态的方向作为决策依据，价格基本上是不在考虑之列的。我们的操作不会因为价格高了就不做多、低了就不做空，只会关注当前趋势是什么，未来走向怎么样，多空力量有何变化。比如动力煤期货 2021 年从 1000 元一直涨到 2000 元。2010 年棉花期货从 20000 元涨到 34000 元，2011 年橡胶期货从 20000 元涨到 40000 元，它们都是上涨趋势，也可能会有阶段性小跌，但高手不会因为价格高了就做空，如果那样做交易将是一场惨剧。

在期货交易中，如果我们是做形态的，主要关注当前的形态和下一步的涨跌。在这种方法中，我们要做到不将就、不奉迎，就是不主观地预测行情会走多远，也不盲目地按照想象的趋势去操作，行情上涨就做多，下跌就做空。如果感觉多空风险大，那就做好日内波段，尽量不过夜，这样可以更好地回避风险，又做到顺势而为。比如说，有个朋友靠主观交易，一听别人说股指要从 3000 点涨到 5000 点，然后就急匆匆地入场。然而股指并没按他的预期走，反而来到了 2800 点下方，结果肯定是要亏了。**市场上会出现各种各样的政策和消息，不管预测对与错，要坚决地按照自己的交易系统去做。如果大趋势行不通，就按日线波段去操作，也能有很好的收益。**

　　客观交易能做到不恐惧也不贪婪，可以完全按 K 线形态和各种信号把握趋势，真正做到无欲则刚。如果你能做到客观交易，就可以战胜主观，战胜自我，在整个交易市场上，相信你就会成为 10% 盈利者中的一分子。大部分人进入市场是盲目地交易，听说期货能赚钱，有人只做一两个品种，短短一两个月就成了千万富翁、亿万富翁，满心欢喜，于是涌进来做期货。这就好比经常听到某个人买彩票中了几千万，他身边的人都蜂拥而上去买彩票一样。研究彩票在技术和概率上肯定有一定提升，但彩票本身的规则就是一个随机组合开出来的数，大奖的概率只占到几千万分之一，同时不排斥第一把就有中奖的可能。在这个概率面前，我们想要通过买彩票去赚钱或者翻身，那就是天方夜谭。做期货也有靠天吃饭的意思，这个"天"就是行情，至于后面的成就，那就要看我们的综合技术和心理素质是否强大，并且还有好运气相伴。这是主观交易和客观交易的一个区别。

　　客观交易，必须了解概率逻辑。从成功的概率来看，无论是买彩票还是赌博，要想暴富，都是要极大地提高概率，做到万里挑一，最后中到头奖的概率是千万分之一或亿万分之一，这个人会是你吗？来看赌博游戏的概率，每一次赌客跟赌场庄家对赌，赌场的概率优势（胜率）是 52.5%，而赌客只占 47.5% 的概率优势。看上去是半对半，相差不多，但是长此以往赌客的钱会越来越少，最后归零，输个精光。在赌场，不管你用什么样的资金管理模式，因为它的胜率定了，最终来说就是赌场赢，全体赌客加起来输（短期内有几个赌客会赢，否则赌场就没有吸引力），这就是概率优势。按照这个概率逻辑，如果我们学完了技术分析，我们的胜率也可以达到百分之五十几甚至更高，长期来说我们就有赢的概率优势。当然，其中我们要做好资金管理与风控，别出现十年累计赚了1亿元，最后因为"黑天鹅事件"一夜返贫。本书中，我们运用胜率偏高的几种技巧去做期货，日内交易是可以等到机会的，然后反复地应用，赚钱的机会多于亏钱，这种胜率相当于在交易市场里面找到一个"提款机"，简单而轻松。在短线交易中，我们用大盈亏比去操作，得到1：3和1：5，这是亏一赚三和亏一赚五的比例。那胜率只要保持在35%及以上，我们就能获得大胜。这个方法在以往的验证中是成功的，在技术层面能达到较高的胜率，我们只要照着去执行。如果是做周线、月线这种长周期，那是另外一种交易模式，今后我们会多探讨。

在交易中，我们一定要知道自己能做什么，不能做什么，不靠主观，不靠猜测，不追涨杀跌，而是要打造一套客观的交易系统。我告诉大家一个最直接的例子，就是很多从事贸易服务的朋友，是一个亏损最大的交易群体，这个群体真不做期货。从事过贸易的人，如果你们还按照自己以往从事现货贸易的经验去做期货，就会发现容易走入另一个极端，不再尊重市场和规律，心里只有以往的经历，按老规矩出牌，市场会把你们打得体无完肤。从事现货贸易，有一个貌似规律的价格，我们按这个貌似的规律去做，即便做错了，也不会让我们倾家荡产，顶多价格高了没人交易，价格低了会亏一点，我们失去了几次机会或者产生了一点亏损，问题不大；但是期货交易，它加了很大的杠杆，价格每时每刻都在波动，做与不做，在追涨杀跌的过程中难免会生出后悔、恐惧、贪婪的情绪。**期货交易中，我们面对的最大敌人其实是人性——也就是我们常说的反人性，也叫逆人性。这时，轻轻地点几下鼠标，敲几下键盘，一次错误的交易，就会产生无数的亏损，以及后面无数次的补救，可惜于事无补，甚至越做越亏。**

踏入期货市场，我们要更新认知，重新学习，甚至要将以前所有想法和"成功经验"清零，事实也是这么一回事。在整个交易期间，认清自己、打通认知非常重要，心理问题解决了，不背包袱，才能达到我在自序中说的知行合一，才能够慢慢赚钱，持续稳定地盈利。我们以往从事的行业，不管是从事生产、经商、科研、服务、工程建设，也不管我们在这个行业中做得多么成功，我们从原有的行业跳到期货里面做相应的品种，心想对这个行业太熟了，一定会成功；恰恰相反，市场总是会让我们栽跟头。以往的行业做得越成功，到期货中可能会栽得越重。我们要知道，交易中面对的是更复杂而且绝对不是随价格变化的一种博弈。讲到博弈，大家肯定深有体会：博弈就是有人赚钱有人亏钱，像坐跷跷板一样；更有人不择手段，包括小道消息、谣言、诱惑的 K 线、高抛低吸等，各种各样的手段都有，无所不用其极。**在交易中，我们唯一可信的是，坚守自己的系统和策略，并能明辨是非。我们只有搞清楚这些原理，明白交易的本质之后，才能万变不离其宗，挣的钱才是我们认知范围里面的。**不然那些利润就像无根之木一样，不用多久它就会溜走。我经常告诉朋友们，一定要有一套符合自己风格的、完整且客观的交易系统（图1-3），而且是既严谨又灵活，着眼于长远的生命力，牢牢掌握，时时修正，交易终将会走得长远。

为什么说交易系统不是死的，需要灵活和变通呢？不管是震荡行

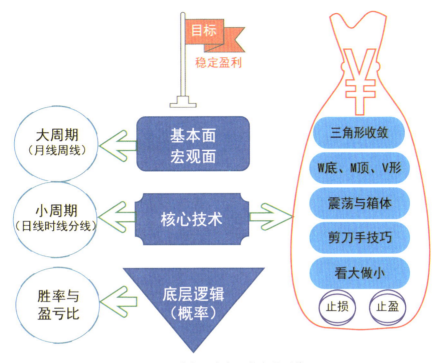

图 1-3　建立一套客观的交易系统

情还是趋势行情，如果沉浸于一种形态或一种模式里，不加修正，那最新的迭代模式会把你们以前赚的钱通通消耗掉。比如说有人习惯于做震荡模式，做小波段，按有些老师的建议，亏损了慢慢加仓，但底无下限，出一波大跌会把之前的全部平仓，甚至会让人倾家荡产。还有，我们按照以往的经验去做，只要是单边行情，如碳酸锂、纯碱等，踩准了是会积累很多的财富，但只要一次打破原有的界线，如果我们不认输，不止损，死扛亏损，反而加仓，98% 的人是要爆仓的。

　　如果我们习惯做趋势行情，把止损放很大，但这个模式中如果震荡的时间足够长，也会把所有资金消耗光的。所以，在整个交易里面，一定要灵活地应对，与时俱进，仔细分析，当前是趋势行情还是震荡行情，然后用对的策略和技巧去做，这就是客观交易。**客观交易不是说没有主观，只是运用主观能动性去判断当前的交易趋势和基本面，然后应用正确的对策，做好资金管理，最终做到让利润奔跑，或者总体上利润为正。**

四、脚落点：技术面的操作

再谈谈基本面与技术面，说说其中的逻辑。我经常说，以往曾走过的行情，今后还会再次出现，而且不止一次。我采用的是归纳法，把所有以往的 K 线信息重复出现的形态，提取出来与 K 线组合，进行技术面复盘。技术面是研究形态与量价关系的，不管是震荡行情还是趋势行情，相对于基本面与宏观面，最直接有效的方法就是技术面。不过，技术面的缺点是不知道行情的深度与长度，那基本面就可以有效地解决这个问题；宏观面也是一种基本面，只是它的周期会更长。如果能有一波行情与三者共振相吻合，那就是期货界最值得全力以赴的一次盛会，是实现财富自由的最好机会。

基本面的操作逻辑可以分两块，一种是供需失衡导致的交易机会，还有一种就是价值投资。供需失衡的逻辑，需要深入了解所有供应链和需求端的基本情况，找出供需失衡的原因。基本面的信息几乎不可能很完整，那就需要抓住关键的信息进行判断，还要有一套有效的分析方法，不然同样的数据可能得出不一样的多空方向。比如农产品的需求面，它的变化弹性不大，因为人口数据变化不大，消费水平也变化不大，每年消耗的粮食总量基本上变化不大，那关键信息在哪？这就要研究它的供应有没有明显的大的变化，主要有几个指标，比如种植面积的变化，天气和自然灾害情况，管理的创新性等方面。这样一调研，农产品的基本面信息就相对简单明了，这类的品种有小麦、玉米、大豆、大蒜、棉花、花生、苹果等。如果出现供应变化，再结合技术面K线的走势，加上周期比较长，所以大致行情是可以分析出来的。

工业品的供应关系，如果没有大的需求缺口的话，基本上是比较稳定的；如果有产业政策和大的供应变化，一般会有消息先出来，如增加产量、行业标准调整，都会让行情产生大的变化。比如说2023年2—8月的纯碱主连2401（图1-4）价格从2974元跌到1490元，就是因为

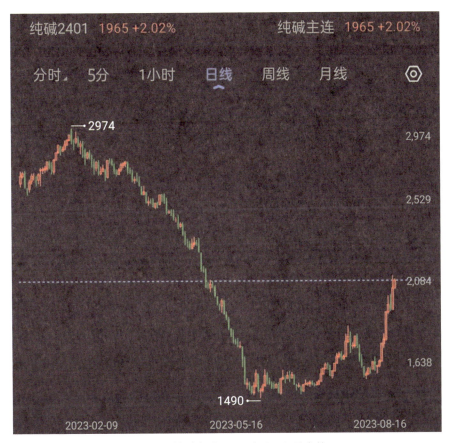

图1-4　纯碱主连2023年2—8月走势

扩大产能 800 万吨导致的；后来又从 1490 多元拉升到 2500 元附近，就是因为产量不及预期，后来就算交易所出了很多针对纯碱的政策，也没能改变趋势。

再如，外资控盘的铁矿石，每年我国大致生产出多少吨钢铁，它就对应生产出相应需求的铁矿石，这个需求可能有变化，但只要在供应上做出调整，我们就会发现，就算需求降低，铁矿石的价格也可能往上涨，因为主要的铁矿石来源依赖度达到百分之八九十，而我国的控价权能力较低（图1-5）。这就是生产和控价权的问题，在这里面，外资可

图 1-5　铁矿石进口与国产价格走势对比

以控制铁矿石产量，进而控制价格，导致钢铁的盈利空间被压缩。这种局面，导致一个倒挂现象：我国用最贵的进口铁矿石生产钢铁，然后出口最便宜的螺纹钢，结果为别人做了嫁衣。这个矛盾就不是用技术面能解决的，一定要在基本面、宏观面改变才行。这就是要做成金融强国的意义——从证券市场上辅助国家经济发展。当然，工业品的供需面分析起来比较麻烦，没有一个人或者一个体系能够把工业品的供需全部分析到位，毕竟全球有那么多类似的工厂，需求那么大，数据很难做到实时更新和准确，所以在工业品的供需上做分析，还是比较难做的。

在技术的供需分析中，更多注重的是农产品供应。通过分析，我们发现每年大豆会炒天气因素，苹果、红枣、棉花也会炒天气因素，因为农产品的供需会受环境的影响。天气会影响它们的产量，据此作出一个价格的判断，这样的基本面分析就很好理解。一般来说，每年4月会炒作苹果的天气因素，气温低了会影响花期。如图1-6，2018年的苹果期货，从7000多元开始涨，一直涨到14000多元，就是因为4月份主产区的一场霜冻影响了苹果的产能，据说这次霜冻导致主产区的苹果减产百分之七八十，而价格趋势则会传导到技术面分析上，从此有了在苹果树下炒苹果的说法。中国是苹果主要生产国，产区集中，影响面大，数据明确，操作的逻辑就很强，时间也很长。还有一个豆油的案例，价格从5万元炒到2000万元，最后急骤下跌，以6万元平出，像过山车一样。这就是因为主产区大豆减产，一路盈利加仓涨上去的，可惜没能在趋势反转时及时平仓，导致空喜一场。类似的还有棉花期货、大蒜期货，价格波动引出一波大行情，这是因为供应减少走出行情的生动例子。

来看2023年的白糖期货，也是因为减产，国外的几个产区减产，

图 1-6　苹果期货 2018—2021 年价格走势

价格从 6000 元涨到 7200 元，它的涨幅不大，但是跨越的时间周期是
比较长的，所以能抓住一波小行情（详细看第八章白糖案例）。行情
的时长一般都是一个生产周期，因为农作物今年减产，最早也要明年
才能补上这个减产的产量。大部分农作物是一年的周期，每年都要关
注天气的因素，如果遇到灾年，之后的两三年都减产，时间周期会持
续更长。这个基本面推动的行情，往往是时间周期比较长，价格涨幅
比较大，产品如果减产 10%，那期货涨幅可不止 10%。

　　还有 2010 年的棉花期货行情堪称经典的基本面案例。它也是因
为减产，加上前面几年价格不高，种植户生产积极性不高，种植面积
减少很多之后，累积成为一个供需严重失衡的基本面。再加上宏观面
放松，实现了技术面、基本面、宏观面共振的大行情，在半年时间周
期内，棉花价格从 18000 元涨到了 35000 元（图 1-7）。著名的期货
大佬傅海棠，凭借之前获得的 600 万元的利润，在棉花期货上赚到

图 1-7　郑棉期货 2010 年上半年飙涨行情

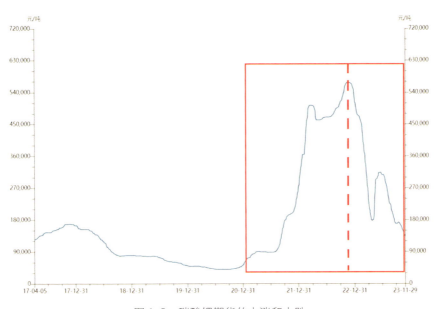

图 1-8　碳酸锂期货的大涨和大跌

了 1.2 亿元，一战成名。类似的例子还有碳酸锂期货，从 2021 年初 6 万元涨到 2022 年底 57 万元（图 1-8），后来又一路下跌，真是几多欢喜几多愁。

不管是基本面、宏观面还是技术面，最终都会体现在价格上面。我们普通人很难做到把所有的信息都处理好，不光要有可靠的信息源，信息还要完备有效地调研，综合各种方法才能通过基本面分析得出操作的依据。如果我们能够在盘面上分析清楚，价格的上涨或者下跌，对应的基本面就是减产和增产，如果多方面的方法能够得到共振，这时我们就可以耐心地开仓持有，把波段周期放大到周线、月线上面去。比如说三个分析层面当中，技术面占 50%，基本面占 30%，宏观面占 20% 的话，每一个共振周期都会给我们增加信心，相当于在确定性的层面中又提高了分数。如果基本面和技术面共振出现，我们可以把确定性提高到 30%。如果宏观面再有经济放水（即货币刺激），那这时我们会发现，达到了百分之百的确定性，那我们的仓位就可以在做好资金管理的前提下，大胆去操作，甚至可以满仓干。三个操作层面的逻辑共振达到一致，确实是一个很好的操作思路和实战经验。如果三个层面有冲突的话，可以选择不操作；如果要做，建议选择技术面去操作（因为它基本上汇聚了所有的因素，只是不纯粹，有些滞后），其胜率能达到 50% ~ 60%，高的话甚至 70% ~ 80%。

基本面操作中，还有一个价值投资。农产品的价值投资是最明显的，比如说大豆期货。我们看到大豆的生产成本是逐年提高的，而利润却在下降。如果大豆的成交金额跌到 3000 元以下，我们会发现农民已经亏钱了，这个价格会打击农民的积极性，不会持久，那第二年大概率就会走出一波比较大的行情。因为今年亏钱，那明年农民就不种了，它的供应就减少，供应减少价格就会提高，接着一波行情就可能要来。就像 2010 年的棉花，就是前面几年种植户都亏钱了，人家不种了，导致当年大减产，整个行情就创出历史新高。这就涉及价值投资，当棉花在 15000 元左右，基本上所有棉农都会亏损，它的持续下跌空间就不会特别大，时间不会很长。如果跌到 12000 元，那我们就觉得这就是价值投资的区间了，要从这开始做多，价格上涨还要逐渐加仓。橡胶的价值投资空间基本上在 12000 元左右，是一个很低的底价，当它出现这个价格区间，我们只要做好资金管理，果断交易，逐步买入做多。所有的生产都是有成本的，它不可能归零，在历史最低的价格附近去做多，那就相当于在进行价值投资了。

工业品跟农产品不一样，技术变革和原材料更新会推动工业品生产成本出现成本塌陷。成本塌陷之后，成品的价格就可能会持续下跌，这样就不知道最终的价值区间，所以不要轻易去做工业品价值投资。生产成本里就包含原材料、加工费，如果原料成本持续下跌，成品的成本就可能随之下跌。例如，2015 年全年的螺纹钢价格是从 2500 元断断续续跌到 1600 元，一年跌了 900 元，跌幅是非常大的，这是因为当年铁矿石、焦炭等原材料价格一路下跌，所以造成成本塌陷式下跌，反映在期货品种上。还有一个是新技术的变革，导致节约了成本，或者提升了产品品质，电脑和手机硬件变革就是一个明显的例子，产品越来越高级，但价格不仅没涨，反而下降了。所以，价值投资尽量放在农产品上去做，因为成本是基本不变的，工业品价值投资空间不大。

宏观面包含整个经济政策的层面，还有国家的产业和行业政策。

例如，2015 年螺纹钢有一波下跌后，国家出台了供给侧改革指导意见，要大力提振钢铁行业的发展。政策利好，随后螺纹钢期货价格从每手 2.12 万元一路拉升到 3.8 万元，大涨了三年（图 1-9）。因为宏观面的加码，才有这么一波气势宏伟的大行情，很多交易者在这一波行情中都赚到钱了。

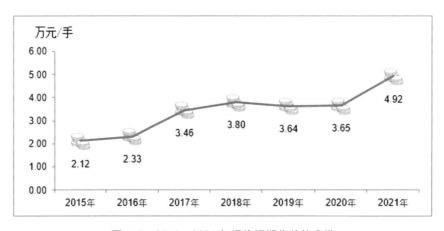

图 1-9　2015—2021 年螺纹钢期货价格高涨

　　宏观面还包括全球经济格局，比如美联储加息和减息，会带来相应的影响，因为商品期货大部分是与国际商品共振的。当美联储加息时，所有的工业品价格会有一个震荡下跌的逻辑。这是宏观面带给交易者的一个预期，但是这并不是说我们马上就去做，因为美联储加息带来的震荡幅度还是很大的。如果按照宏观面政策去操作，那肯定仓位很轻，比如只有 5% 的仓位，然后长期持有几年。如果是基本面的操作，可以看到立竿见影的效果，特别是农产品一波走势会非常剧烈，可以抓住机会重仓操作。

　　普通交易者对于基本面的价值投资，尤其是工业品是很难把握的，但又想去操作工业品，要怎么办呢？前面说过，技术面需要等待确定的机会，与属于哪类产品无关，所以技术面操作所有品种都可以。无论是宏观面还是基本面，要注意一个交易逻辑——所有的信息都反映在当前的价格里面，交易者只要顺势而为就可以。

具体来说，现在 K 线的趋势是什么，然后在里面找到我们分时图的入场点。**如果能结合基本面、宏观面共振单方向去操作，那我们就可以长线持有，这是指大趋势。我们做日内交易，则需要找一个确定性，如果在宏观面、基本面和技术面都有确定性，给出一致方向的时候，我们只要坚定地做好资金管理就可以了。**例如，每年 9 月的豆粕基本上都有一个上涨周期，因为需求明显增加，属于消费旺季；同样是压榨产品的豆油，9 月则是消费淡季，再加上这时候正是美国的大豆上市，期货的价格就会下行。

如果技术面与基本面、宏观面冲突，我们就要以技术面为准，绝对不能按照基本面去操作。这时候的基本面信息，很可能是假的、片面的、过时的，甚至是同样的消息，因为我们的分析方法不对，从而与技术走势相反。行情好不好，消息真不真，技术面是最准确的，即便有人为干扰也持续不了太长时间，最起码我们可以设置止损，操作错了也不会亏损太大。如果按基本面做了一波行情，已经走了很久一段时间，只是还有利多或者利空消息，还想抓一个尾巴，就舍不得平仓，这时候应该怎么处理？我认为，如果技术面给出反转信号，就要坚定地按信号执行，错了可以再开仓进去。因为所有的趋势，它总归是要结束的，拉长时间周期都是震荡行情。从技术面看，趋势结束了、反转了，最明显的一个信号就是五日线穿十日均线，形成死叉，这时技术面形成一个见顶信号，我们一定要以技术为准，果断操作。不能因为现货价格还很高，我们就贪恋，认为还有做多空间。

举个例子，动力煤在 2021 年 10 月份见顶的时候，当时现货价格还很高，但是期货价见顶之后，迅速把现货价给拉下来了。同时它有宏观政策，也就是宏观面和技术面共振，下降的确定性又增加了。最后现货价跟随着期货价格跌下来，迅速就回到起点。2010 年的棉花期货也是这样，技术面价格见顶的时候，现货还在上涨，但没过多久现货就跟随期货价格下跌了。任何一波行情都是这样，都是技术面领先于基本面见顶或者见底，要把握好机会。

通常来说，技术面见顶之后，整个基本面可能还要半个月、一个月之后才进行反转。在基本面的供需关系还不很明朗的时候，技术面会先走出一波行情，多数时候是领先的。如 2016 年螺纹钢直到技术面完成了所有反转，才形成共振，三者齐跌。

总结：在宏观面、基本面、技术面三者中，最重要的就是技术面，最终落实到盘面操作的也是在技术面。所以在期货实战中，最核心的策略还是在技术面分析，认清当前的趋势所在，结合形态、量价、基本面信息，做到从容应对。

第二章

三角形收敛实战技巧

本书是期货日内交易的入门课，我只讲主要内容和实战技巧、实战策略，主要采用日线分时图的技术来提高交易中的确定性，给广大从事期货日内交易和短线交易的投资者提供参考，共同提升技术水平。本章的重点是三角形收敛技巧与横盘突破技巧。

一、日内交易首先要提高确定性

日内交易，英文名是 DayTrade（简称 DT），是众多交易模式中的一种，是指持仓时间短，当日进当日出（日盘和夜盘均如此），交易持仓不过夜或少量抢仓过夜。因为它承受市场波动的风险较低，全球范围内有一大批操盘高手采用此交易方式，短期内财富效应不明显，但可以做到长期稳定地盈利，比较容易获得成功。比如最伟大的短线交易员查理·D 已经成为日内交易的神话，因此日内交易现在被越来越多的人所推崇和接受。

众所周知，交易的本质是不确定性、概率性，这是就总体而言的。但在期货日内交易中，无论做多还是做空，最重要的就是通过技术来提高确定性，这并不矛盾。任何事情，无论是开公司还是做生意，都是对这个行业有一定了解之后才去做的。做期货也是这样，我们对自己所从事的交易是什么、怎么做、有什么结果全面理解后，才能掌握这个行业及其中隐而不言的诀窍。我们学习交易技术，就是理解认知，学习在交易中如何提高确定性，通过模拟盘操作和复盘总结，反复练习，再到实践当中去操作。只有确定性提高了，我们的技术水平也就提高了，相应的，赚到的钱就提高了。

大家学习的目的是想赚钱，而不是亏钱。一开始，在融会贯通之前，我们以很轻的仓位去交易，轻装上阵，在模拟盘和实盘中提高交易水平，这是需要时间成本的。对于期货新手和入门不久的交易者来说，期货交易是一个新事物，需要有一个磨合期，就像我们新买的汽车一样，都需要磨合。如果我们的理解与实盘操作跟书上讲的案例有分歧，这时候怎么办？通常，我们会在收盘之后进行总结和复盘，提炼出一些技巧和要点，告诉大家怎么去应对实战中的各种变化。这些变化包括形态变化、价格变化、成交量变化、持仓量变化等，这些是主要的，也是有规律可循的；还有少部分变化不太好琢磨，在变化当中把握机会很难，或者说看不懂。那看不懂、有分歧的，你当然就不要去操作了，不知己知彼，必然会百战百败。所以，要总结一些有规律性的、可操作性的案例和技巧，抓住把握性大、确定性高的去做，不能盲目乱干或急于求成。

有些学员跟我讲："丁老师，我们课上讲得这么准确，各种情况都分析全了，也告诉大家如何去操作，实盘中我们只要大胆满仓去干就是了，不会有什么风险吧？"我估计大部分人都有这位学员的想法，庆幸的是他还同时想到风险。任何时候，机会和风险都是一对双胞胎兄弟，如果你光想着风光无限，看不到险峰，现实中就会被打脸。实践与理论毕竟有差距，如果固守教条，市场马上会背道而驰；还有的人是幸运者，按照老师教的技巧踩对了点，刚开始赚了几笔之后，就变得很大胆，自认为水平很高，可是几次失败亏损之后，对这一整套操作技巧又失去了信心。

交易还真不是一上来就能赚钱的，那些做了十年八年的老手、高手，同样都有亏得一塌糊涂的时候。所以，我建议期货新手和初级交易者跟老师学习后，把技巧融会贯通，最好能做 3 个月左右的模拟盘，慢慢建立起自己的交易系统，经常复盘，有了稳定的技术和操作后，再上 1—2 个月轻量实盘交易，知道如何开仓入场，如何止损止盈，如何做资金管理，懂得看基本面信息，这些都完善了之后，我们再加大资金去实战，胜算会更大。

一句话：日内交易，首要的是提高确定性。

二、三角形收敛技巧

三角形收敛也叫对称三角形，是股票和期货中常见的整理形态，通过观察它的变化形成一种操作技巧。据不完全统计，三角形收敛中大约四分之三属整理形态，四分之一属于上升顶部或下跌底部出现的反转态势。

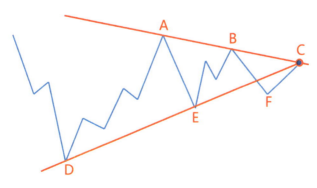

图 2-1　三角形收敛示意

　　三角形收敛是由一段时期的价格波动所形成的，如图 2-1，其特征是：在一定区域的波动幅度逐渐缩小，即每轮波动最高点一次比一次低，而最低点则一次比一次高，呈现出收敛压缩形状，将这些高点与低点分别连线，就形成一个三角形的尖角。这类形态最佳的买卖点为突破三角形上下边的交汇点 C，如遇到反抽行为则是二次较佳的买卖点。

　　我们开门见山，就从日线分时图开始讲解技术。先来看沪铜期货 2303 的案例，这是一个比较简单的三角形收敛形态，如图 2-2。

图 2-2　沪铜 2303，20230131 日线分时图

　　三角形收敛的要点就是：高点逐步下移，低点逐步上抬或平行，形成收缩。如图2-2，我们看到从高点1、2、3连线，低点4、5、6连线，这是两条直线，形成一个三角形尖角，在6处形成一个收敛。收敛的特征是它的价格波动会逐渐变小，相对应的成交量也会变小，这时才是我们考虑入场的时机。如果没有收敛的确定性，那不用去操作，因为横盘（5、6）代表了最终的收敛，代表了多空力量的平衡，没有形成突破。打破这个平衡一方面需要价格的较大波动，另一方面需要成交量（放量突破），二者反映到盘面上，就是选择了趋势方向。在图2-2中，有突破就是在A处选择向下突破，这时可以选择入场，A处是最佳入场点，将止损放在3处；如果我们不追，那就等后面的机会再入场，比如7处，有一个反弹回踩，并突然放量，也可入场，将止损放在A处。突破选定了方向之后，就开始新一波行情，图中A是最佳入场点，7是次佳入场点，B是离场点，这是按趋势线来操作的。如果是形态操作的话可能还没有突破，如果是动态止盈的话可能还可以继续持有到收盘，在B点以后找时机离场，那就是被动离场。在这个三角形收敛技术中，如何找准位置止盈和止损，还需要结合本书后面章节所讲的各项技术进行综合研判。

　　我们按照形态来看纯碱期货2305的案例（如图2-3），这是一个最佳的入场点选择问题，是三角形收敛的最佳体现。

　　图2-3中，这个三角形收敛从高点1到2和3连线，是从一个高点过渡到另一个高点，逐渐降低；然后E、4、5、6四个低点连线，两条线在6处汇合，并开始选择方向，最终形成突破往下跌，也是一个带量突破（6处有放量）。我们沿4、5、6低点画直线就知道了，它是

图 2-3 纯碱 2305，20230201 日线分时图

一个向下的力量，或者说是动能，导致它的形态就是走下坡路。选择了方向之后，尽管在 7 处有个小反弹回踩，此时成交量最低，其实是个最佳做空入场点。踩准这个节奏买入的话，就看到行情继续下行，是直接往下猛跌的。如果要做空买入，6 和 7 点都是合适的，止损在 3 处最佳。学习三角形收敛技术，我们要汇总各种各样的图形，行情结束后反复去看图，经常复盘，看懂它的趋势走向，才好选择买点与卖点，并设置止损位。

三角形收敛的要点：在一波连续高点（不管涨还是跌）之后形成一个横盘，这时成交量要小，价格波动也变小，突破有一个放量，这时就是选择方向的时候，方向突破之后，我们就跟随技术面做突破，最好选回踩点入场。

基本面和宏观面的方法更多的是预判，就是预测当前的价格走势、需求量、宏观方向，然后再决定是否入场，这个思路跟技术面的跟随方法不一样。技术面止损相对来说是小的，而主观预测的方法，会有较大的止损。风险大，当然其盈利也比较大，所以基本面和宏观面的交易方法会出现大止损、大盈利的情况，交易者必须了解。

由于技术面操作相对来说止损小，盈利相对就小，但是见效快，几乎每天都有机会，适合快进快出，我们只要按本书所讲的操作技巧和策略，每天严格执行，想赚钱还是挺容易的。但如果学得不精，没有在模拟盘上练手，做实盘亏得也会很快，必须有老师复盘指导并给予合理化的建议，针对大家的买卖点和止损点的情况做出会诊。在技术面里，一定要知道，机会多，相应的陷阱也就多，尤其看到 K 线忽上忽下，这种情况我们就要做一个取舍。《孙子兵法》中讲"有所攻，有所不攻"，意思是我们要知道什么战争该打，什么战争不该打。交易跟战争也是一样的，要想交易获得胜利，除了前期各种准备，一定要知道什么情况下能做，什么情况下不能做。

总结：游戏要下水，交易也必须入场，通过技术研判，那些确定性高、概率大的行情，就需要去做，哪怕有一定风险，我们通过止损，最大程度减少风险。

三、横盘突破技巧

横盘突破，我们来看沪金期货 2304 的案例。

图中，我们会发现沪金价格波动在 4、5、6 这几段形成小横盘，

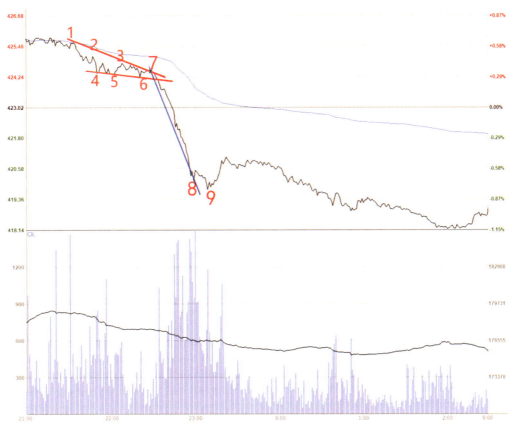

图 2-4　沪金 2304，20230203 日线分时图

价格波动很小，一走走到 6 的末端 7，此处成交量也很小，最终放量的时候就开始选择方向。所以 6 处加速放量，后面回踩到 7 处是最佳入场点，此处高位突破，走出了一波下跌大行情，这波行情有接近 2% 的跌幅。从 7 处的高点，如果我们入场了，简单地画一根趋势线，7 与 8 连线画一根趋势线，8 后面的趋势一打破，尤其是 8 处有放巨量的时候，此处就该主动离场；当然，在 9 的位置离场最佳，因为这是一个回调下跌，又有成交量的配合，接下来就有可能要大反弹。价格波动时，如何动态止盈？随着图上 1、2、3 这几个高点依次走低，很

多人会1处买6处平，这只能赚很少的利润，而没抓到这波下跌大行情。我们后面继续用案例来说明各种上涨和下跌情况。

如果止损比较小的时候，对应的盈亏比就大，而且机会多，这个就是我们为什么要用小资金选择做日内技术交易。我们如果了解基本面的逻辑是做长线，它的行情要看供需，不容易出大行情，要等待，有可能一年半载或几年才出现一次大的行情，那我们平常闲的时候能做什么呢？平常就需要在技术面上多练习，也是积累资金，不断地熟练之后，加上基本面、宏观面的消息，在耐心地等待过程中，我们才有机会"钓"到一条"大鱼"。

如果我们热衷于技术面，技术还不熟练的时候，就不要拘泥于小的盈亏比，一定要每天做一做，练练手，小钱变大钱，罗马也不是一天建成的。如果能够把握一次大的机会，就是一剑封喉、一战成神的操作手法，需要技术面、基本面、宏观面三者配合，还需要一个大的资金积累作为本金，才有可能实现。日常交易中，长线短线都是无碍的、相通的，不是说我们一定要做日内交易，也不一定说要做1分钟线、5分钟线，轻仓小资金都可以去尝试。很多学员跟我学习一段模拟盘后，都知道技术没有局限，都是相通的，只要掌握要点和诀窍，什么波段都可以做。当然，人的精力有限，尤其基本技术练得很熟了，能融会贯通了，就要选择做一两种主力波段，才照顾得过来。

总结：三角形收敛的特征，就是高点连线和低点连线，汇合起来形成三角形收敛，再经过一个横盘，等待选择方向，放量突破，突破后会有一个回踩，并且在回踩之后再开始往下发力，走出一波大跌行情。

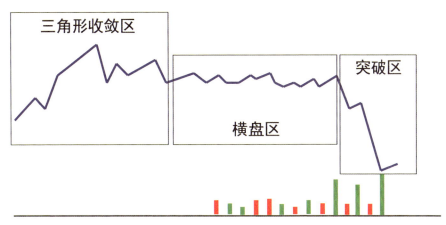

图 2-5 三角形收敛之后横盘突破示意

三角形收敛后多是横盘区，我们在图 2-5 画出突破的示意图，具体来看沪金期货 2304 的案例（图 2-6）。

图 2-6 中，盘面上价格波动经历一个三角形收敛区（1 至 3 段），进入 6 段横盘区，价格波动很小，成交量也很小，这时就要选择方向了。我们讲的技术面的操作，最重要的还是看朝哪突破，只要突破这个低点，而且有放量，重要的还是一个收敛缩量，这就是有信号了。突破放量就是入场的信号，一旦选择方向，这时还需要做好止损，然后就让盈利奔跑。图中，6 处的末端是最佳入场点，此时成交量小，而且是三角形收敛后横盘的末端；7 处有一个放量，价格向下突破确认，这里入场是最保险的，同时把止损设在 3 处。我经常讲，做好日内交易，一定要让盈利奔跑，我们设好止损之后就持有，其结果无外乎两种：有时候是判断错了被迫止损，亏一点；有时候判断对了走出一波行情，有盈利，至于利润多少看每个人的预期和操作水平。当然，我要强调一句话：我们学完了某个技术，一定要反复去复盘，

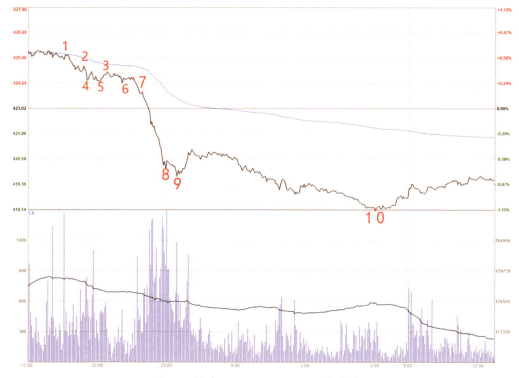

图 2-6　沪金 2304，20230203 日线分时图

总结理解之后再去做模拟和实战，掌握技术的精髓，还有实战的变通性、灵活性。

图 2-6 的案例还告诉我们：止损点放在横盘的一个高点 3 处止损，在最低点 10 处离场，它的盈亏比达到 1∶10 都不止，这样的盈亏比很大。这就是做技术面的优势，机会多，想不成功也是比较难的。但是，我们一定要知道，整个交易市场成功者寥寥无几，为什么会这样？因为机会多，相应的陷阱就多，我们每次都设止损，可能三次止损之后看到小钱"飞"了，于是就不甘心，想着不去止损干一票大的，这就是很疯狂的冒险。在这里面，有的人连做几次之后都能赚钱，尽管

赚得不是很多，但是对整个体系就很有信心，然后能够坚持下去；而另一种人就是幸存者偏差，某次不止损赚了一把大的，或者连续几把都赌对了，就认为自己技术水平高，判断能力强，无须止损。殊不知，陷阱就在我们9次成功之后的1次巨亏，一把就可以让投机者倾家荡产，所以要对幸存者偏差有清醒的认识。

期货交易，我们做的就是一个确定性，要过滤不确定性的行情，特别是下跌之后还有震荡。如图2-6中，9之后到收盘一直是震荡区，这里面有很大的不确定性，虽然它之后又下跌到10走了一波行情，但整个9以后都有较大的风险，这种横盘区就比较难做。横盘区如果要去做，就需要等待一个突破，确认突破后，那成功率就比较高了。正常来说，我建议横盘区间内不要去做，比如图2-6中，6处横盘之前是有方向的，是下跌走势，这时等到7的突破下跌就要大胆去做；而在10前后这两段，方向不明显，没有办法做，那就早点离场，选择不做。也就是说，三角形收敛后有方向，止损都会比较明确一点，比较好做，我们抓住这类简单明了的行情，做得就很轻松，没必要每天都去纠结。

我们再看沪银期货2306的案例（图2-7）。

沪银这个行情跟三角形收敛是很像的，我们这样画出两条直线，它就像是三角形收敛，在这个行情的末端类似于一个横盘，而且横盘了很久。横盘的表现，一是成交量很小，二是价格波动很小，有这两个要点，横的时间又长，我们就应该关注突破的方向（前面三角形收敛基本给出了下跌的方向）。这时我们看到横盘很久，A处第一个放量，就是一个跟随入场的机会，然后开始一波下跌，下跌之后我们就把这

图 2-7　沪银 2306，20230206 日线分时图

个止损设好（1 处），至于什么时候离场，要结合成交量、形态、趋势线，可以迅速主动止盈离场（B 右边开始反弹处），或者被动止盈离场（接近 B 的低点或者夜盘收盘平掉）。我们看到，第二天 9 时开盘它又迅速下跌，整个白天都处于震荡中，成交量又小，那就不要进了。

还有一个横盘是在末端出现，我们来看淀粉期货 2403 的案例（图 2-8）。

这个末端横盘一定要注意，虽然说是下跌，但它是夜盘，很多人没注意到。我们如果只做日内交易，只做确定性行情，像这种过夜风险要尽量回避。这种末端肯定是平仓的，不能因为它在 A 处有一个跳空向下的机会，就想做空，更主要的是这波下跌我们做日内交易是逮不到的。它是 21 时开盘，23 时在 A 处结束，当晚没有行情；第二天白天开盘向下急跌，我们要做空的话，追进去没有太好的入场点，可以

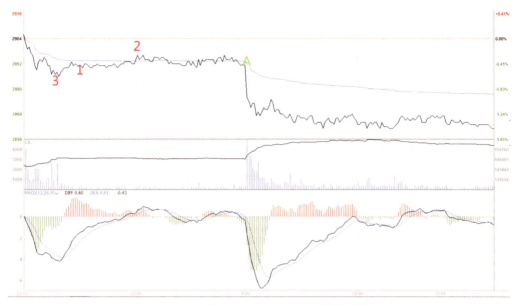

图 2-8 淀粉 2403，20230206 日线分时图

在空头排列集体放量时，尽快入场，可以吃一小波，练练手。后面整个日盘几乎都是震荡，成交量很小，没有操作机会。

继续看淀粉期货 2403 的案例（图 2-9）。

这是一个横盘之后的向下跟随，虽说成交量很小，但在这个区间里，就是 A 处的高点和 B 处的低点之间形成一个横盘。真正有效突破是 A 这个点，从它之后开始了一波下跌，那要怎么做呢？这个横盘有一个要点：前面 A 处有 5 分钟放巨量，形成当天的多空分界。这个 5 分钟的价格，就是平均价，成交量很大，形成全天的高点，这个点就是多空的成本，当它的成本价格持续在这个成本下方（绿色部分），那就是偏空了，B 处右边一个放量，更是确认下跌方向。再结合形态，我们发现尽管做多的力量一直在搏杀，但成交量小，方向总体选择向下，

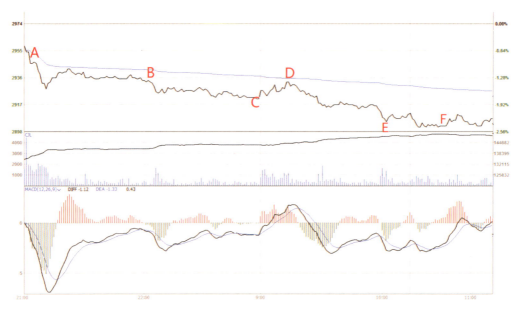

图 2-9　淀粉 2403，20230131 日线分时图

A 处就是最佳入场点。入场后，我们会发现只能持有 23 时收盘的 C 处离场，后面白天的行情其实是另外一波。另外一波从 C 处反弹，确认 D 处有阻力，上不去，然后又开始往下走。这也是横盘突破的一个重要特征：C 处之前长时间横盘形成一个压力位，尽管多头拉升到 D 处，后面还是继续下跌，延续了前面的总体走势。这类行情，只能做短线，快进快出，比如在 C 处横盘结束，有一个放量突破，抓紧做多买入，等到空头排列出来，就赶紧离场，至少是不亏的；还有一个入场点是 D 处，是遇到阻力位后形成的高点，一旦往下走，就可以快速入场做空，可以多持有一段时间，在突破放量的 E 点或后面的横盘低点 F 离场，都是合适的。

最后看一个生猪期货 2303 的案例（图 2-10）。

图中，找不到明显的三角形收敛，横盘出现时间很长，成交量除

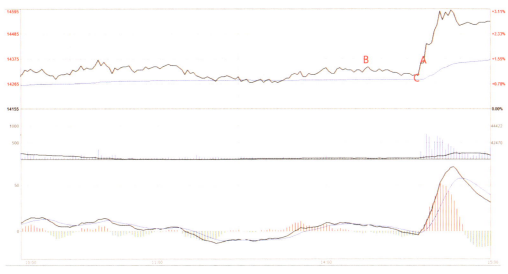

图 2-10 生猪 2303，20230206 日线分时图

了夜间开盘全天都偏低，这种行情怎么做呢？交易中有一个谚语："横有多长竖就有多长！"这是放在日线上，横盘越久，最后选择方向突破后，行情就会越大。当日行情走到 C，最终多头排列出来，成交量加速放量，选择向上突破。这种横盘持续很久，多数会迎来一个大爆发。怎么来判断呢？因为 C 处有加速放量。C 处前面的价格波动很小，它上去速度就很快，一定要有带量突破，才决定了这一次冲击行情非常大。冲击的动能有多大，放量突破之后持续的这波行情就有多大。这类案例较少，需要强调：这个突破带量然后走出一波大行情，一定要设好止损，比如确认方向后，从 A 处入场做多，将止损点设在 C 处，有了保险，不管涨多高，只要让盈利奔跑，一直走到高点阻力位，再反弹时平掉，或者收盘点止盈离场。

总结：一般来说，在三角形收敛之后，会有横盘突破，这是抓机会的时候。趋势朝哪突破，就朝哪做，做的时候同时设置好止损，这个止损可能就放在毛刺比较多的地方。三角形收敛之后，一个正常的形态是要经历横盘，横盘时间有长有短，就看它选择的方向，一个是向上，一个是向下，这是多空力量的较量，哪方赢了就朝哪方走。

微信扫码，丁伟锋详解三角形收敛实战技巧

第三章

W 底和 V 形反转实战技巧

趋势交易中，我经常讲要重势不重价，紧紧抓住趋势上船。上一章我们讲三角形收敛之后，有一段横盘突破，这个突破其实是一个趋势的开始，而本章要讲的是趋势的结束，如何通过 W 底和 V 形这类形态分析进行正确的操作。

W底和M顶如何操作，它们是同性质的，只是反向而已。W底的要点在于：既然是趋势的反转，那就说明前面有一波下跌，看准W底是为了后面做多。相反，M顶是见顶摸底，是反向做空，也就是说，M顶形态与W底形态本质一样，只是逆向的操作。

　　这章主要讲日内交易的形态如图3-1，主要有W底、M顶、V形反转（U形是其变异）。我们从分时图整体来看，有时候看得懂，有时候却看不懂，如何分段，就是通过一些经典的形态，把看得懂的趋势做成功，看不懂的行情就留着，等待机会。

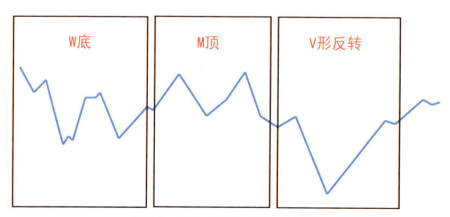

图3-1　W底、M顶、V形反转示意

一、趋势结束的 W 底

下面是铁矿石 2305 的案例，如图 3-2。

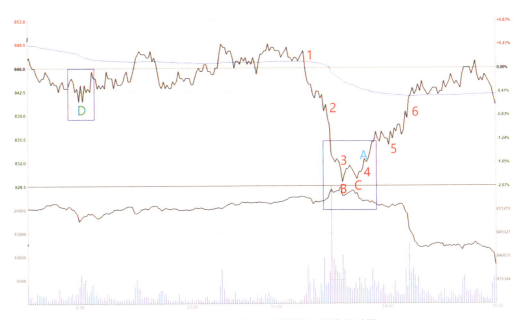

图 3-2　铁矿石 2305，20230207 日线分时图

图 3-2 中，3 到 4 中间是一个 W 底，它代表的是这一波下跌到底部 B 结束，这一波行情做空就要在 B 止盈最佳，顺利赚到，然后就可以尝试做多。这种情况做多时怎么止损？在什么时间点入场？这就要根据 W 底的形态做相应的技巧。在 W 的底部，我们操作的时候是无法预知 B 后面的形态，不知道接下来的趋势怎么走，也不知道是趋势行情还是震荡行情，需要进行综合分析。在常态化的时间内，震荡行

情基本上占到全天 80% 的交易时段，比如图 3-1 的铁矿石，1 处前面一大段时间就是震荡，看不清趋势，不知道怎么做多和做空，或者不知道用什么方法去做。我们如果要追求大利润，像这种末端流畅行情出来的时候，才是我们重点要做的日内交易。所以说，震荡行情只要等机会，就可以做。

在图中，前面 2 还有一个放巨量，3 处又是一个小放量，眼看着下跌走得挺好的，有一波流畅的下跌，快到头了，过了 C 处马上就要翻转，做多的理由就是出现了这种 W 底形态。形态出来后，为了避免进一步下跌损失，做多的同时，把止损点设好，那么止损点就在 C 这个低点。如果被止损了，没有往上涨，一般还会加个两跳或者三跳往下跌，或者等一会看它是不是有真突破。因为这个 W 底，多数时候是右底比左底高（做多的主要特征），当然右底有时候会比左底低，还是有反转上涨的可能性。如果方向判断错误，行情瞬间打下去，我们提前做好止损，那就要被迫止损。面对这几种情况，我们就要把这个止损位相应地设低一点，或者留一点时间来观察是不是真的要反转。当然这个是右侧一点，4 和 5 的位置去止损是比较合适的。

我们真正的入场，就是在这个平台被打破的时候，在 A 点进入是合适的，当然，它的止损就在 4 或 C。如果我们在一开始下跌的途中就判断它可能是 W 底，于是就猜这个形态会在 B 处见底，B 底的优点就是止损更小，盈亏比更大，这种主观的预测会是神一般的存在。按客观交易思路，一般是不去猜它是不是最佳底，天下没有这么好的事，所以只要赚到符合自己预期的利润就好了。在这种形态中，要走出一个相对完整的 W 形态，不追高杀跌，不盲目地去猜测，而是以形态和趋势来决策，做到心中有数。比如反转上升确认后，在 A 处入场做多就算是很不错的，止损设在 C 处或 4 处，之后行情一路向上涨。像这种形态，损失了前面一点猜的成分，比较客观，心里更有底气，盈亏比也不差的。

再来看一下铁矿石前一天经典的走势（图3-3）。

图 3-3　铁矿石 2305，20230206 日线分时图

图中 A 到 B 是一个宽泛的 W 底，底部持平，确认反转后，我们从 1 处入场做多，止损在 B 处，会有 3 个点止损，到 3 处离场，相当于挣了 12 个点，盈亏比为 1∶4，这个比例是较高的。如果在 2 处入场、

1 处止损的话，到 3 处平仓的话相当于赚了 9 个点，盈亏比为 1 ：3，它的盈亏比相对来说还是比较合适的。如果我们在这个最低点 B 处尝试去摸底并且抓到了，在接近全天高点离场，那这个盈亏比就更大了，赚得也最多。不过这也是神操作，普通人根本做不到，不建议这样去做。图中这类宽松的 W 底，在 B 处有放量，可以结合本章后面讲的 V 形反转来做，如果突破1处颈线位往上迅速拉升，后面会走出一波大机会。

　　我们研究这个 W 底是如何形成的，就知道它在什么时候入场最佳。回到前面图 3-2，W 底是在一段下跌过程之后形成的，并且有明显的趋势，形成了 W 底反转，可做的波段就在最后三分之一时段。图中前面还有一个 D 处，虽然它也有一个类似的小 W 底，但它整体上是一段震荡行情，涨跌都不是特别流畅。当右侧1处这种大跌之后出现 W 底，这时我们需要关注这个趋势的底点在哪里，何时要反转；它的形态还有一个特征就是两个底点成交量放大。我们说成交量代表的是多空博弈的资金投入，一般情况下底部 B 处会有一个放量，量还比较大，引导了趋势反转。再看，图 3-2 中 2 处底下有一根放量特别大，这个量是什么情况？这是因为中午有一个突发消息之后迅速急跌而放的量。它并不代表一个常规性的巨量，而是急跌之后的放量，参考意义不大。再看第二个底 C 处，它的成交量一般不会超过左边 B 处的放量，然后伴随着价格向上，开始一波比较流畅的反转行情。

　　我们通过成功的案例复盘，就要加深理解和应用。再看经典的图 3-3，像这种 W 底形态，意味着有一个趋势的反转，其特点就是有成交量配合着，设好止损，接着就会有比较大的盈亏比（精准掌握好买卖点）。任何一个地方操作既有成功的，也有失败的，在这种形态中，我们要清楚自己做的是一个确定性的机会，就抓住确定性 W 底部做一波（厉害的人能抓住前面做空和后面反转做多两波机会），没有确定性就歇着。

我们反复说，做日内交易有很多陷阱，尽量要排除看不懂的行情，在长时间震荡或走出相应波段特征之后，我们再找机会入场，这时做好止损，算好自己预期的盈亏比，确定性相对就会提高很多，即便判断错了，有止损在，损失就不会很大。

我们来看一个豆二 2303 的案例（图 3-4、图 3-5）。

图 3-4 中，A 到 B 是一个 W 底，就是我常说的左底 A 的放量比较大，伴随着急跌企稳之后再次探底，到 B 处的成交量就要小一点。这就是我们熟悉的 W 底，我们入场一定要找合适的位置，比如图中 B 后面突破 C 的点位，就是有效突破，在 C 处进去，会有一整天的涨势，这种情况不能主观去猜测。当然更多的情况是失败的走势，或者没有

图 3-4　豆二 2303，20230207 日线分时图

图 3-5　豆二 2303，20230208 日线分时图

机会入场的那种形态，这时候我们就应该主动放弃，不能霸王硬上弓，自讨苦吃。比如图 3-5，这也是个 W 底，A 处有普通放量，B 处没有放量，该不该做呢？这个 W 底是一个过夜的情形，第二天早晨会发现它没有太好的入场机会，这种 W 底就不做了。这个 W 底，跟我们前面讲的 W 底有什么区别呢？它是一个没有流畅的下跌过程，因为我们做 W 底是要做反转趋势的，探底之后就要去朝顶，要有一波较大反转，这个重点一定要把握！

　　我们还可利用图 3-5 看一个 M 顶的操作。图中 1、2 是 M 形的两个顶，结合第二章的三角形收敛形态，我们分别画两条线形成一个三角，汇合在 C 处，判断它是一个向下的趋势。此时怎么找入场点呢？看成交量。M 顶的 2 处有一个放巨量下跌，那么就在 2 处入场做空，止盈点就设在 C 处，这是被动止盈离场，盈亏比不大；由于行情并不流畅，主动止盈建议设在 D 处离场比较好，此处有一个小的放量。提醒注意的是，这是一个持仓过夜的行情，这个 W 底和 M 顶最好轻仓，后边的行情，价格走势和成交量都不明朗，最好缩手不动。

我们接着讲一个玻璃 2305 的案例（图 3-6）。

图中 A、B 是一个小 W 底，前面一波大跌到 A 之后，放出了巨量，然后开始了一波小的反弹，回踩到 B 之后，又有放量，继续延续反弹涨势。这个例子的要点与前面一样，就是 A 处放巨量，B 处放量较小，价格在 B 这边上方撑住了，然后往上走到 C，可以入场做多，后面 1、2、3 处的行情尽管有震荡，整个日内都是往上走的，只要把止损设在 B 处即可，行情一直持续到 3 的顶峰，迎来横盘的收盘，应尽早

图 3-6 玻璃 2305，20230208 日线分时图

离场。

总之，交易除了要做顺势，还可以做逆势（W底、M顶都是做逆势），除了做短周期，还要做长周期。逆势的优点是什么？又要如何止损？绝对不是说在急跌的时候，我们马上反手去做多，这样肯定是不对的，一定要有见底或者见顶的信号（成交量）出来之后，我们再去做，把握就会大很多。

总结：法无定法，我们要知道自己在做什么，目的是什么，然后做出取舍。这跟我们实业中做生意一样，买卖都是一个道理，尽量去做顺势，相对来说会轻松很多，同时把止损设好，避免犯大错；还有一个做逆势，借助一个放量的时机，反其道而行之，止盈、止损都设好，收益就有保障。

二、V形反转与头肩顶

我们来讲V形反转，它跟W底的性质是一样的，请看原油2303的案例（图3-7）。

图中A处是V形反转，有时是比较急促的，有时是比较缓慢的，这个跟我们做日内交易的格局是一样的，有时是看1分钟线，有时是看5分钟线，有时是看15分钟线或1小时线。在这个图中，我们看到A处是一个很大的V形，其要点是：一是有左右肩，右肩要能够与左肩保持齐平，不然的话，它的反弹是失败的；二是在这个最低点A处要放巨量，配合反转。如果结合后面讲的内容，我们就会发现A后面是持续增仓，直到增仓至C处下跌之后，出现了一个减仓向上。这就

图 3-7 原油 2303, 20230207 日线分时图

是一个 V 形反转, 只是比较缓和的, A 处是一个比较明确的做多机会, 最佳入场点是 A 处, 当然, 客观的入场点要等回调, 在 1 处入场更保险。整个形态的幅度持续的时间比较长, 这是夜盘结束之后, 在第二天 9 时之后继续往上冲, 冲完之后, 我们看这一天都在这个 V 形的力范围之内, 它基本上有 2 倍多的利润空间。

我们再看一个经典的沪银 2306 案例（图 3-8）。

第二章的内容讲到三角形收敛和横盘突破的技巧, 在图 3-8 里面都能找到, 所以这个图形很经典。这里面有一个很重要的形态就是倒 V 形反转。A 是倒 V 形顶点, B、C 是它的左右肩, 其特征就是左肩和右肩基本上持平, 右肩有时要比左肩略低, 所以也称为"头肩顶"。

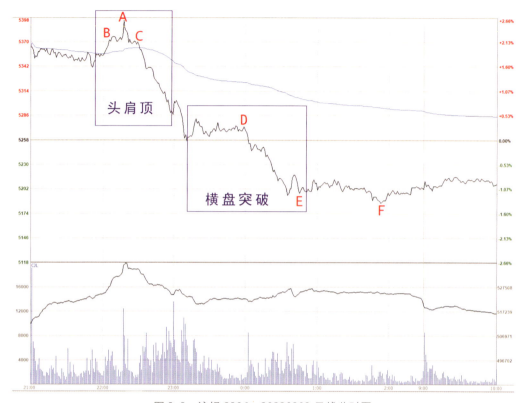

图 3-8　沪银 2306，20230203 日线分时图

也就是说，原来在 B 位置做多的人，其实在 C 已经变成亏损了，或者说同样位置做空的人，在 C 处已经开始盈利。B、C 两处为什么还有一段小震荡？就是做日内小波段的人，有空间赚点小钱立马就走了，总是疲于奔命，做得很累。我们做日内交易，是不能光顾着赚小钱的，我们一定要抓大放小，让盈利奔跑，同时设好止损和止盈，防范风险。

　　通过前面几幅分时图的讲解，对照上图 3-8 沪银的走线，大家就能够分清楚，图中 C 是趋势的转折，一波原来是上涨的行情，在 A 处突然就见顶了，而且放出了巨量，这是典型的 V 形反转特征。我们千万不要认为上涨趋势就不能下跌，到了A处还要往上涨，不敢做空；事实上，W底、V形，都可以抓反转，我们只要等待确定的机会，突破原有的形态，在V形反转开启时就可抓机会入场。图3-8中的这种形态，A还是最高点，伴随着巨大的成交量，左肩B、右肩C基本上持平，看到C处有突破放量，此时适合入场做空，止损设在A处，然后迎来了一波流畅的行情。

再来复习图3-8中三角形收敛。D处的横盘突破，除了趋势的开始还是一个趋势的延续，它继续延续此前一波下跌的行情（D处三角形收敛的汇合点，有放量确认下跌趋势，适合再度入场），一直在前面这波大趋势中。所以，我们一定要搞清，趋势是有开始、发展、结束几段（在E处离场，或在夜盘结束前的F处离场）；还有一个是没有趋势行情，就是震荡横盘（图中E处后面全是震荡，价格波动小，成交量小），没有操作机会。搞清楚这些形态，就读懂了一整天的分时图，知道一天的起、承、转、收点，踩着节奏，交易就好做多了。

如果我们能把握几种形态之后，基本上就能从分时图上读懂有机会，它是一个什么样的整体形态，又是怎么开始的，如何配合成交量入场，在哪里止损和止盈，最后在哪里离场，这些都是复盘的要点。坚持每天复盘，把当天所有关注的品种走势读一遍，把其中的几处机会点写下来，用我们学过的技巧做个预判，最后收盘并验证。比如图3-8沪银的案例中，只有C到E这段有机会，其他的时间段，包括A前面一个小时都没有机会。C到E这段就是抓住了V形反转的特征，做到了一波下跌行情，后面是一个震荡横盘，就不去管了，这就是我们反复读懂分时图的意义所在。

总结：我们做交易，从第一天就跟学员讲，一定要多复盘，多理解，看懂趋势和转折点后，最后才去实盘操作，为的就是要在复盘的时候，把这个形态中的机会读出来，然后在实操中去验证，总结相应的技巧。

三、V形反转失败案例

我经常说，做期货一定要有大的理想，大的格局，才能把握住这种比较流畅的大机会。现在做短线交易（1分钟到1小时）其实成本是比较高的，如果我们不停地做，手续费一般人是扛不住的，所以要把波段提高一些，减少一些操作。有学员会问，做日内交易既赚钱风险又低，有这么好的事吗？

职业交易者都知道，做日内波段，有就做，没有行情就等着，最大的优点就是避免风险，减少了交易，抓住了大的机会，确定性和成功率相对来说就很高。

我们再来讲几个V形反转失败的案例，先看纯碱期货2305（图3-9）。

图中，我们从形态试着来复盘。图中有两处倒V形，即A和1处，A这里出现一波上涨，然后迅速下来，我们看到它的右肩C基本是在左肩B的上方，没有继续往下走出一波比较大的行情；包括后面1这个高顶，3比2还略高，也没有继续再往下走，这两种V形就是失败的案例，并没有按照之前的情形——见顶之后迅速下跌，没有

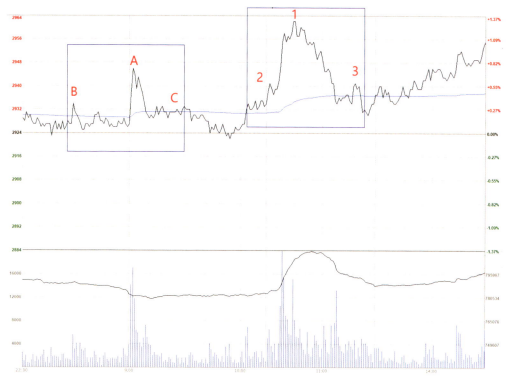

图 3-9　纯碱 2305，20230208 日线分时图

走出一波流畅的行情。尽管反转失败了，因为有止损在，不会损失太大。

再看几个不太流畅的例子，先看 PTA 期货 2305 的案例（图 3-10）。

图中 V 形在 A 处见顶，但并没有放量，其左肩 C 和右肩 B 基本齐平，B 处略低，所以它还是下跌了一段到 D 处，不多，盈亏比约为 1∶2，即 1 倍的利润，然后进入震荡横盘局面，成交量都很小，又是日盘结束，这时候就该离场。

图 3-10　PTA2305，20230208 日线分时图

再看玻璃期货 2305 的案例（图 3-11）。

图中，A 是 V 形的底部，放出了巨量，A 左右有 1、2 两个小肩，还有 C 和 B 两个大肩，右肩 B 还在左肩 C 的上方，B 前面还有很大的放量，按理应当继续上涨，适合买入，但后面的行情并没有继续往上走，就进入了震荡，这是一个失败的案例。如果在 B 处入场做多，后面碰上震荡，像这种震荡收盘的行情，要赶紧离场，不去过夜了，反正没什么损失。如果过夜的话，它还是会低开的，低开低走持续震荡，亏损会扩大，所以不去追。这种情形，我们一定要知道，V 形反转形态的确出来了，但是它并没有按预期的模型走，一定会涨到 1 倍、2 倍以

图 3-11　玻璃 2305，20230207 日线分时图

上，没有这种说法的；重要的是，我们按相应的技巧去做，如果失败了，那该怎么处理就怎么处理，无非是损失一点点。做交易，我们的确是追求最大的确定性，但这种确定性不是百分之百的，就像赌场一样，如果赢的概率是 52%，那还有 48% 的失败概率，长期来说是正的、赢的，就行了。

想明白这些逻辑，就知道应该如何去复盘，总结得失，按我们的分时图操盘技巧，总体上赢的概率大、赢的次数多，数学概率为正，就是成功的交易。

我们再回去看前面的经典案例沪银（图 3-8），这种走势，最重要的是止损小，盈亏比大，后面的行情相对来说是比较好的，很顺畅。这个夜盘 A 处见顶之后，一路下跌很多，能够赚到一大波，肯定是非常开心的。因为我们是做日内的，尽量不过夜，如果觉得趋势还有，想过夜继续做，这时候建议留 5% ~ 10% 的仓位，让它继续持有，绝对不要留重仓，我们重点吃到日内的利润就可以了。我见过太多贪恋的案例，最大的本事就是把已经赚到的利润全部亏回去。

做日内期货交易，大部分情形，是要等到这些经典的形态出来，然后综合前面几种技巧去做，比如第一章的三角形收敛和横盘突破，本章讲的 W 底和 M 顶，还有 V 形反转（包括倒 V 形、头肩顶），都是有效的操作技巧。还有一个 U 形，它其实是 V 形的变种，只是顶上的尖尖变成圆弧形，本质上是一样的。这些形态出来之后，又符合我说的特征，就要勇敢去做，抓住几波好行情，做好日内交易；当然失败的概率还是有的，这时候动态止损就像买了保险一样，无论趋势行情还是震荡行情，损失其实并不大。

总结： 这节的内容是 V 形反转（头肩形），其要点是反转成交量大，右肩反转力度超过左肩，至少保持齐平位置，然后走出一波大的流畅行情，看清楚它的开端、发展、下降、结束的状态，入场时设好止损，在结束进入震荡且成交缩量时，果断离场。至于有几倍的利润，完全看行情，有一倍两倍就是一次成功的交易，这是读懂分时图精准操作的结果；至于是否有五六倍或以上，我觉得不要起贪念，最重要的是让盈利奔跑，跑到哪没了，遇到阻力位了，结束交易离场，就是这么简单。

第四章

震荡和箱体实战技巧

通道和箱体，都属于震荡的行情，在一天交易中占据的时段比较长，这里面有没有机会呢？前面我们讲了三角形收敛、横盘突破，都是代表着有操作的行情，是我们重点关注的；然后随着 W 底、V 形的出现，前一波趋势结束，进入震荡行情或者出现另外一波新的趋势，即反转行情。本章主讲震荡行情中几种形态的操作。

一、震荡行情占全天主导

　　我们知道，有趋势的行情，即代表趋势开始和趋势结束的时段，这类行情和时段并不多，更多的时间是震荡，全天大概有 80% 的时间在震荡（如图 4-1）。震荡看似无序，但是仔细分辨，它又有一定的规律，如果要做，就应该踏准节奏做短线，快进快出。如果在整个交易中，把我所讲的各种实操技巧做一个组合的话，它们最终会组合成一首歌或一支曲子，有激越动听处，有徘徊暗哑处，会交替进行。这时候我们按照自己理解的趋势与震荡，抓住几波行情操作了，就像听到了那几段动听的片段，犹如踩准了节奏，做到了身心愉悦。这是我所理解的完整的日内交易，把交易当成一支交响曲，各种节奏和旋律都是有的，我们选我们爱听的；不爱听的、沉闷的、乏味的，我们可以开小差，或者不听，但它们也是一种能量的积蓄，在引发新动能的到来。理解这种概念之后，我们能适用这种状态和节奏，做好震荡交易也就不难了。

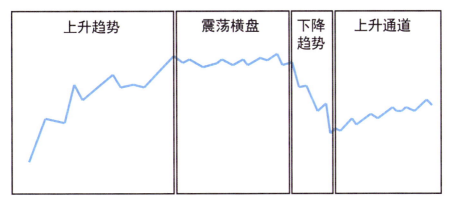

图 4-1　日内行情的各种形态示意

震荡行情也分很多种，我们只是罗列出大致有规律的几种形态，然后在这里面找到相应的技巧。先来看螺纹钢期货 2305 的案例（图4-2）。

上图整个夜盘时段，即标绿字的 B 到 A 区间，这个区间幅度在4050 元到 4080 元之间，在它们的上下边缘画两条线，就是一个水平的通道。在这个无序的震荡通道中，当它靠近 A 处 4080 元的时候，

图 4-2　螺纹钢 2305，202302013 日线分时图

我们就发现放出较大的成交量，这时处于通道的天花板，像挨了一记重拳，可能是空头主动出击，要在这个点位做空，把价格拉下来，这时就是入场的机会。因为这是一个隔夜波段，操作时还是要谨慎，贸然入场第二天可能要被止损。第二天早上9时一开盘，放出了巨量，价格迅速下跌，这时就要果断入场做空。尤其在C处，继续放量，突破箱体，打破支撑位，这时候它就形成另外一种格局，就是下降趋势或通道。

我们连接1、2、3、4、5几个高点和6、7、8、9、10几个低点之后就会发现，它是一个下降的通道（当然这是事后复盘，实盘中无法预测后面的趋势）。当它突破前面通道下边缘B处的时候，我们发现它放巨量，又回到通道的区间边上，接着震荡，来到C处又是放量，后面每次靠近这个通道的下沿，它就会放一个量，整体都处于这个下降通道中，尽管有多处放量，但是没有大的突破，这时我们可以轻仓参与。因为它没有一个很明确的趋势，上下边缘有重要的阻力位和支撑位，而且还不是平的，是倾斜下降的（前面B到A是一个水平通道），所在这几种通道都是有方向的，这时候怎么做呢？水平通道，每次靠近通道都是下边做多，上边做空，然后设好止损，进出频率会比较高。而下降通道，止损比较难设，它不是一个静态的点，需要根据每次入场的位置来设置，建议放在每次入场的高点，大不了就平仓，不赚不赔。

这类下降通道代表的也是一种趋势，只是没有爆发力，它可能就像音乐中的一个舒缓的节奏，不像横盘震荡、三角形收敛末端的突破节奏强。这种下降或上升通道中，它完全按照自己的节奏，很舒缓，没有大起大落，这时就不要去做重仓，我们只要轻仓参与即可，感受一下它的节奏，赚也不大，亏也不大，身心可以得到暂时的放松，不能每天都是强节奏，如坐过山车，也是受不了的。震荡当中，还有很多行情是看不懂或者无序的，至少占了一多半的时间，没有办法去做，那我们最好是轻仓，或者干脆不参与，只是看看盘而已。无序的、看不懂的行情，其实既费力又没有带来特别大的收益，我们可以等待机会，或者出去散散心也可以，有机会再操作。

总结：震荡就是价格无序地上下波动，没有出方向和信号，只是一种舒缓的节奏，并没有给出一个操作的依据，所以适合轻仓或空仓，正好让身心放松一下，这是我对这类通道行情的理解。

二、踩准震荡行情的节奏

学完这几个章节的内容，到此为止，我们基本上能把日内交易常见的形态分辨出来，这个行情能看懂，那个行情看不懂，清清楚楚。我的建议是：把难的、看不懂的、无序的行情当成噪声一样过滤掉，把能看懂的、有趋势的行情截取下来，拿来复盘，组成一首歌或者一支曲子，就会发现多次复盘后，交易时就有依据和信心。在日复一日的学习和掌握中，提升自己的理解力、判断力，当每次复盘能得到75% 以上的验证，实盘操作时就容易多了。大家的预测能力和判断能力也加强了，说白了，这就是训练与交易同频共振的能力，当我们感受到乐章的波动，就能踩准交易的节奏。

图 4-2 螺纹钢的案例，其实就是一个震荡，准确地说是一个下跌

的震荡，但是它是通过两部分来组成的，夜盘是一个水平通道的横盘，日盘是一个下降通道的震荡。

我们再看焦炭期货 2305 的案例（图 4-3），比较类似。

图 4-3　焦炭 2305，20230210 日线分时图

图中 A、B 两个高点连成线，C、D 两个低点连成线，它们整体构成了一个下降通道。这个下降通道应该说是夜盘收盘之后，才勉强能够发现，真正要操作有困难，因为 A 处一个急跌放巨量，并没有给出一个有规律的起始通道，它只是形成第一个高点，到后面日盘才开始慢慢地下降，第二天 9 时开盘后逐渐形成下降通道。我们看到它在靠近 C 支撑位时有一个反复，这种情形，就不是特别好做，还有待观察，只有到 B、D 以后，下降趋势才比较明显，后面是一波流畅的下

降通道，那入场点是打破 D 的 E 处（此处有放量），最佳离场点是 F 处（后面我们还会讲到增仓滞跌汇合点）。我们会发现，通道是各种各样的，或者说是变异的，能看懂的不多。大致一看好像也是通道，但跟我们讲的标准又不符合，做还是不做，这就要多总结。

首先，我们要看行情成交量的变化、形态的变化，来判断它的趋势，寻找确定性的操作依据。在这类震荡横盘中如何操作，其实更多的要看细节，看趋势变动，看提前的热点研报，看大户对这类品种的兴趣，再做决定。其次，要减少交易次数。长期横盘且成交量小的，基本上不要动手。通道中有很多小的形态，如果我们只看中小形态去做，那一定会做得很频繁，会搭进不少手续费，也不建议去做。做日内交易，我们要想实现稳定盈利，机会是不多的，操作次数一定要少，只能挑一些符合形态和规律的行情来做，如果遇到横盘和箱体，也是找这种上升或下降比较明显的，尽量轻仓去做，等待机会。总之，做交易一定要有大格局——就是牺牲小利益，去发掘大机会。

还有另一个焦煤期货 2305 的案例（图 4-4）。

与焦炭一字之差，焦煤这个分时图与前面案例有类似的通道。我们看到图中高点 A 处下来到 F 处，把整个通道就打碎了，有一段小横盘，从 F 处略微向上走一段，又开始到一波下降通道，一直走到最低的 D 处，然后这波下降完成后，放出巨量，形成一波强势反弹。在这个图中，我们最起码知道，如果我们在这波下降中做了空单，那这个通道在 F、D 两处被打破的时候，就一定要有止盈，让赚到的利润落袋为安。当然这个是主动止盈，有成交量的配合；还有一个是被动止盈，F、D 两处有 V 形反转的可能，那么就在它们反弹后的低点 1、2 处离场，也是

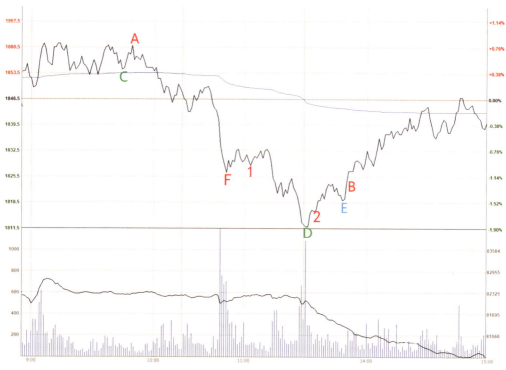

图 4-4　焦煤 2305，20230210 日线分时图

合适的。我的经验表明，如果有巨量出来，后面基本上就要盘整，这时主动止盈的话，是早一点好？还是晚一点好？如果在 F 处卖掉离场的话，后面还有一波下降的行情没抓到（当然这是马后炮），大家会后悔吗？

我想表达的是，在这个下降通道中，画趋势线的时候宜晚不宜早，如果我们急着画这个点，它还没达到上沿线，画早了先离场（比如 F 处），后面就跟自己无关了。如果等这个平台趋势出来，它没有达到上沿线的标准，就不过早止盈，高点之后还会继续下降，可能还有一波下降在走着，这样就可以到 D 处平掉空单。当然，这是一个理想的对赌，交易中从来没有最优操作，只要符合我们的标准，有规律可循，并且赚到自己想要的利润，就是一个好的技巧，比如在 F 处平完就不管了，已经赚到 2 ～ 3 倍的利润，很了不起了，至于后面没赚到，不去吃这个后悔药，万一 F 处反转后迅速反弹呢？这是有可能的，赚到的钱又要搭进去，所以用止盈能保住自己的利润。我们对于震荡的行情，要有两手准备来应对这样的通道，赚到符合自己预期的赚，就心安理得，不去后悔和埋怨。

继续看螺纹钢期货 2305 的案例（图 4-5），与上面焦炭期货也类似。

图中螺纹钢基本上是偏向于震荡行情，我们看到从 1 处的高点一步

图 4-5　螺纹钢 2305，20230210 日线分时图

步走低，将上下沿分别连线，就形成一个比较漂亮的下降通道。然后在下降通道 7 处被打破的时候形成一个 V 形底部，开始往上大反转，7 处伴随了一个巨量，动能非常强。在这个下降通道中，我们做的空单有两处风险，分别是在 6 处和 7 处，这两处一个考验止损，一个考验离场。这种下降震荡行情的技巧，很不好做，行情突破没有出来，入场点很难选择，止损的幅度不好把握。不要主观地认为它会反转，主观预测会打自己的脸。所以，这类下降通道，我建议不要重仓做，操作次数不要太多，因为它既能做多又能做空，需要把整个行情吃透，哪怕是震荡，只要有方向选择，可以按日内长线来做。从复盘来看，这天的螺纹钢行情，前面不好做，后面从 7 处反转做多，相对比较好把握。

震荡行情的趋势，无论是向上还是向下震荡，波动幅度都不会太大，结束点也不太容易选，我们可以用复盘后马后炮式的方式去总结，实盘还是挺难选择的。这种行情不要想当然，更不要想着很大的盈亏比，毕竟不是趋势突破，有一点赚就不错了。我想说，在震荡行情中，我们不能离开盘面，要少盯几个品种，要实实在在感受这个震荡的节奏，记录高点和低点，尤其要把握好入场点、止损点和止盈点，符合自己判断的标准，到点就离场，一定要干脆。

总结：所有的震荡行情，不会有大钱赚，不符合让盈利奔跑的原则，我们要轻仓参与，多观望，少操作，还要根据当时的成交量、持仓量这些形态的配合，才构成通道形态的操作依据。

三、箱体行情操作技巧

上节讲了震荡行情,本节再讲箱体行情,它们的形态大体是一类的,即局限在一定范围内,两边有边界,没有大的趋势和突破。箱体形态有更多,既没有选择方向也没有走出行情的,全天就在一个范围波动,限制在一个箱子里,很好理解。

下面看玻璃期货 2305 的案例(图 4-6)。

玻璃的开盘价是 A 处的 1542 元,一直降到 1516 元的 B 处(1516元是瞬间的,看不见),全天整个箱体就是在这 20 多个点的范围内震荡,没有偏离。因为是在箱体内来回波动,所以它每次上下波动还有一定的操作性——就是加速放巨量,代表着一波下跌趋势的结束,或者是一波上涨行情的结束,要反转,那就有操作空间了。大家看图中 A、

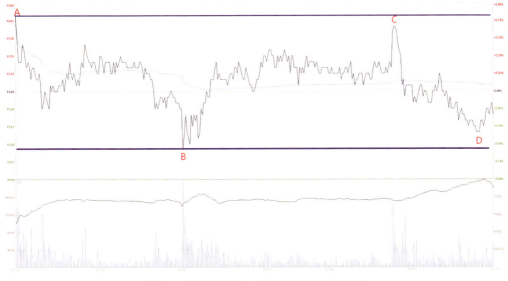

图 4-6 玻璃 2305,20230213 日线分时图

B、C、D 四处，A 处放巨量向下走，B 处放巨量向上走，从 C 处放巨量又下行到 D 处，来回碰触箱体的上下沿，每次都是在边缘线结束，迎来反转。我们前面趋势行情当中讲过，打破横盘平衡的时候需要放巨量，趋势再往一边倒。但在箱体形态中，有了巨量是不是就有突破呢？这时会面临很大的诱惑。在图 4-6 这个箱体行情中，它每次打到上下边缘就放巨量，一放巨量行情就结束，巨量的点就是极限点，然后再开始新一波小反转，来来回回在里面走。这种箱体形态波动中，一个区间里要做几次呢？A 处下跌做空，B 处上涨做多，C 处再下跌做空，就是跟随多空做三次。这是一个大的范围，如果我们把整个震荡箱体缩小，放很小的话，就显得在这个区间里面好像有很多种机会，上上下下很剧烈，的确很诱人。

区间内的波动怎么做？要看上下整体波动的点数有多少，还有我们的仓位、手数来选择操作的频率。我建议，箱体行情，我们一定要选择操作次数不要太多的震荡，也就是频率不要太高，能够有时间抽身，等一些到上下边缘的机会再操作，这样就有把握性。如果没有好机会，像图上这种玻璃震荡箱体，如果我们整天只盯一个品种，点数又有 20 多个，我们就可以多做几次，每次把握好高点和低点，有节奏地去做几波小行情；如果我们盯的品种比较多，又判断准了是一个箱体行情，整天基本上都在震荡，为了提高确定性，我们只要发现放巨量的一个底或顶，反着做，等待到达另一个边缘出场。这样少做几次，确保自己能做对，又很舒服。尤其是新手，最开始只建议盯一两个品种，牢牢地掌握行情变化趋势，盯好盘，看懂分时图，那箱体行情只要抓住机会，即在高点和低点做好入场、离场的选择，相对就很简单，不过一定要轻仓，把实盘当模拟来做，以提高确定性。

　　我们了解箱体震荡行情后，就不要轻易止损。我们发现，这种行情的做法，中间毛刺很多，进去的点绝对不是最佳的，止损太小容易被打掉。震荡完之后，行情会向上或向下的小突破，所以前面三次小突破我们可以轻仓，不用去乱止损，但是三次之后赚了一定的点位之后，就要管住手了，这时就要做全面分析：有可能会产生一波行情形成突破（突破原来的箱体），也有可能在箱体的区间边缘继续反弹，这时候我们怎么进行止损和止盈呢？我们如何理解交易行情呢？

　　箱体是震荡行情，并不是趋势行情。我讲这个震荡行情，并不是说我们在这个震荡中能够把握多少次机会。我的理解是，整个日内交易，无论长线还是短线，机会就是分成震荡行情和趋势行情两种，趋势行情又分趋势开始和趋势结束。理解透了，就像看文章一样每个段落切割很清楚，就像交响乐每个乐章分开一样，然后操作的时候按照节奏来，心里更有底——震荡的时候建议大家轻仓做，把止损放大，不怕亏损；千万不要做逆势，如果趋势来了，一定要重仓做顺势，让利润奔跑。这几句话平常讲的时候我们没感觉，到了实盘上感受其节奏和验证的结果，我们的理解就会更透。本书的目的就是要帮助广大交易者看懂形态，理顺操作思路，用好交易技巧，形成自己的操作系统。

　　总结： 大家已经学了几种形态，可以读懂行情了，在收盘之后复盘，更多地要结合形态、均线、成交量、持仓量的配合，进一步提高交易的确定性。很多成交量、持仓量不配合的行情就不要做，我们要练手的话，就轻仓做一做。因为那个确定性是比较低的，买卖点不好把握，止损不好设置，轻仓参与，为的是等待机会。

　　我们来看原油期货 2303 就是这种情况（图 4-7）。

　　这是一个箱体行情，全天都在高点 A 和低点 B 这个区间里波动，上下不超过 10 个点，压根就没有十足把握一定会上涨，或者一定会下跌，它都是在高点或低点放量结束，然后反转，朝另一边去。整个上下沿画线就是这个高点和低点的区间里面，一会儿冲高，一会儿冲低，小波段有落差，但日内波段没有给出一个特别流畅的行情，尤其是日盘成交量大幅降低，这种箱体震荡能不能做？如何做？我觉得，像这种超出我们想象和预期的、操作依据不足的、成交量又小的震荡，最好是不做也不管，看看就可以了。要做就只能在 A 处到 B 处做一波空单，B 处到后面的 C 处做一波多单，止损尽量放大，且轻仓交易。

图 4-7　原油 2303，20230210 日线分时图

还有一种震荡行情,是台阶式的箱体震荡,看下面橡胶期货2305(图4-8)。

　　这种行情,跟前面的通道一样,是有迹可循的,能够略微把握一些操作机会。在图中,A前面走出了一个震荡区间,A处有个小突破(有放量),又来到这下面的震荡区间,接着在B处往下突破来到C处,形成一个台阶式的震荡,在C处,接着走出一波流畅的下跌趋势。这个分时图,我们要掌握的是,在C处这个行情出来之前,应该如何分析?如何去操作?分析发现,从A到B,B到C,其实属于台阶式横盘箱体,到最后成交量很小,价格波动很小,横盘占了全天大部分时间。前面说过一句谚语——横有多长,竖有多长,这波行情到C处选择向下突破,成交量开始放大,然后加速下跌。

图4-8　橡胶2305,20230210日线分时图

这个行情收了盘才能读懂，前面不能把它当成一个好像很复杂的震荡，它其实就是一步步往下，走了三个台阶，然后到 C 处一泻千里，走出一波比较大的行情，直到 D 处实现 V 形反转（放出巨量）。这种台阶式箱体震荡，后面走出趋势行情不容易遇到，它属于横盘突破的一种，符合我们说的价格波动和成交量配合的标准，最后选择了方向。通过仔细分辨，它是走了几个台阶，在最后一个台阶之后跳水，今后遇到类似的箱体跳水行情，大家就可提前做预判，并通过复盘来验证。

还有一个纸浆期货 2305 的案例也是这样（图 4-9）。

图 4-9　纸浆 2305，20230210 日线分时图

图中，纸浆的价格初看是一个无序的震荡，它其实也是一个台阶式的箱体，全天都在箱体范围内波动，呈下降趋势，没有特别大的机会。它有几个交易日，都是这种台阶式箱体，区间被打破的时候，A、

B、C 前面都是缩量横盘，价格波动很小。比如，在 A 处后面跳水放量，到下个区间之后又稳了，走到 B 处的末端还是缩量，C 处有放量，但是价格波动很小，一直到 D 处跌破原来的区间，继续下行，成交量很小。直到 E 处才放出巨量，形成突破，放量之后走出一波比较大的行情，接着在 F 处反转。整个行情是怎么演变的？就是由三个箱体组成的下降式台阶，最后在 D 处开始选择方向，形成一波流畅的行情。

这种台阶式的震荡，就是我们要去把握的一个机会。因为它每一次都是有迹可循的，有横盘，有突破，横盘的时候成交量很小，价格波动很小。这种台阶式箱体，大家一定要有耐心，去发现后边比较大的行情，也就是最后一个台阶大跳水的机会，多留心放巨量带来的突破机会。前面全是无序的震荡，可以不去理会，静静地找到里面的规律，它一旦选择了方向，配合大的成交量，就会迎来操作的机会。

还有一种震荡是全天横盘的，压根没有什么机会，就是上上下下无序地波动，看不懂，那采取什么技巧呢？在山水画中，有一种技法叫留白，整个画面只画主体，其他空着，画面不拥挤，看得很舒服，也很大气。我觉得，遇到全天无序震荡的行情，我们就把这一篇空出来，空仓不做，其实就是留白。交易中，有很多不确定性的机会，既然看不懂，没什么好机会，留白就好了。如果做单品种的话，无序震荡可能占据全天百分之七八十的时间，我们学习的目的就是为了提高确定性，那些不确定的、看不懂的机会只看看，就不做了。如果是做多品种的话，就会发现机会还是很多的，东边不亮西边亮。还是要结合前面讲的各种形态综合运用，有机会就做，没机会就留白，同时做好资金管理，长期坚持下去，越做越精通。

总结：无论是震荡通道，还是箱体形态，我们都要读懂行情，掌握操作的技巧，把所学的知识、技巧理解透了，找机会上手，没机会就留白，该下重手的时候下重手，该轻仓的就轻仓，该离场的时候绝不贪恋。这样去把握住交易的行情与节奏，我相信，经过一年半载的学习，每个人都能演奏出一支优美好听的曲子，或者画出一幅浓淡相宜的国画，欢迎到我的书友群里分享经验，交流技术。

第五章

止损和止盈实战技巧

资金管理的重点，一方面是做好止损和止盈，另一方面是实战技巧，在日内交易中，重点是把握全天的大行情，让盈利奔跑。我们前面章节的内容，把如何看懂日内分时图的技巧作了全面分析，光看懂图或者谱子，还是很难写出一支曲子，或者很难奏出一支动听的曲子。还有，即便你现在能看懂分时图，还是不能急于操作，这里有一个心理预期和心法控制的问题。

这里我们先把几种形态区域画出来，其中的入场、止损、止盈点大家都实盘中去琢磨（如图 5-1）。

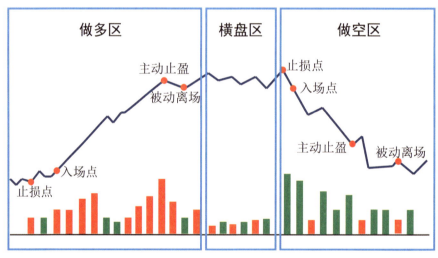

图 5-1　入场、止损、止盈（离场）点位示意

一、胜率和盈亏比的平衡

对整个交易来说，每个人都是带着动机和梦想来的，大家的心理预期基本上都想赚钱，这没错。我们做日内交易，规避的是不确定的风险，通过复盘和技术提升，来提高交易的确定性。如果我们能将确定性提高到百分之七八十，那就有相对应的一个盈亏比，比如说1：3、1：5、1：10，这时候我们就会发现，想盈利是很容易的事。但是，股市、期市赚钱来得快，去得也快，很多人赚得盆满钵满后志得意满，贪婪心一起，瞬间就会亏到倾家荡产的地步，这样的人太多了。图5-2是胜率与盈亏比的大致关系，大家可以从图上找找平衡区，因人而异，

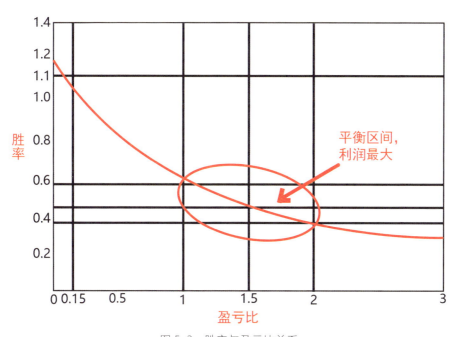

图 5-2 胜率与盈亏比关系

所以要在实践中根据自己的喜好来绘制平衡点。

　　我们看得懂与做得到，就像旁观者与操盘者的关系，两者有很大差距，做到了之后还要过心理一大关。比如说按计划设好止损，反复几次止损之后，发现止损得早了或小了，错失了几次赚大钱的好机会，后来行情看着走出来，于是后面一笔不想止损；正是这时，我们就会发现，往往一次不止损的失误，可能会造成更大的亏损。所以，在期货里赚钱是很容易的，但是没有做好资金管理，没有长期一贯地坚持，想让盈利留在手里不停地累积，并走上稳定的财富自由之路，这个是最难的！

　　期货交易中机会多如牛毛，每一分每一秒都会有多空入场，在交易中搏杀，你认为的机会可能就是陷阱，毕竟确定性的机会没有那么多。如果我们发现某人说得很对，然后我们进去跟着他说的行情买入或卖出，往往就会犯错，这个人只是一个幸存者偏差或者明显的钓鱼营销，引诱我们上钩的。还有一些人一开始运气好，赚的钱也是稀里糊涂的，还自视甚高，过不了多久就会把赚的钱亏掉。所以，交易中我们一定要做好资金管理，符合自己的实际情况，切莫跟随。

　　本书主要讲的是日内交易如何把握机会。大家一定要明白，日内交易本身赚的点数就不多，如果没有及时止损，几次下来可能就会赚小钱和亏大钱，总体为亏。当然我们有方法来辨别，收盘后一看，这个盈亏比是 1：5，那个盈亏比 1：10，但这是事后的、静态的，盘中如何把握盈亏比需要丰富的经验和实战技巧。先在模拟盘上找到感觉后，再轻仓进入实盘交易，资金由小到大慢慢加，比如说你打算用 50 万元资金做期货，那我们每次就用 10 万元来做，后面还有 4 次机会；

同样，你打算用 5 万元做期货，那你就第一次先开 1 万元，不然资金一下子全亏进去，后面都没钱做了。在这个过程中，如果能够在交易中稳健获利，比如说 10 万元翻倍到 20 万元，这时你可以慢慢地加，记住是在 10 万元的基础上加，也就是让原来的资金滚动增加，把赚到的利润装进口袋，财富就是这样累积起来的。

我们经常看到那些成为大师的人，因为重仓操作失败，他连流动的利润都搭进去了，救命稻草也没了，所以导致持续亏损或者爆仓。当然，投资界确实有很多天才，以小搏大，重仓操作，把赚到的钱全部投入下一次交易中，以寻求赌中更大的。这类成功者并不多见，赚到钱又成为人人景仰的常青树，可谓是行业的翘楚。每个行业都有天才，绘画有天才，作曲有天才，交易有天才，这些都是个别现象，不可复制；更多的成功者是在不断摸爬滚打中成长起来的，不断总结成功经验和失败教训，他们的方法和经验才是可以复制并值得我们学习的。我曾经在多个实盘交易大赛中拿过冠军或者前几名，交易风格稳健，从没爆过仓，就是因为资金管理做得好，我的众多学生也是口服心服。为了防止更多失败、破产和家庭悲剧的重演，我愿意跟大家分享这些经验，更重要的是，懂得在实践中应用，某些技巧还需要面授，陪伴式指导，大家会进步得更快。

总结：把盈利留在自己手里，懂得取舍，做到长期稳定盈利，这真的就是一个修行的过程。高胜率盈利低，低胜率失败次数多赔得多，所以我们要在胜率和盈亏比之间找到平衡点，抓住稳定盈利这个关键要素，做好财富积累。

二、止损、止盈的五种方法

资金管理其实就是做好止损和止盈，它们是相辅相成的，要跟入场点选择配合使用，在实践中动态配合调整点位，简而言之就是"截断亏损，让利润奔跑"。本节重点讲止损的几种方法，我简单罗列了以下五种：（1）最大亏损法；（2）横盘止损法；（3）移动止损法；（4）关键心理价位止损法；（5）逻辑止损法。

第 1 种：最大止损法

最大止损当然不是把本全亏空，你要量力而行，就是你每次能接受的最大亏损额。比如说你用 10 万元投资期货，当天亏 2%（2000 元）就不操作了，这是你的最大止损，以损定量来决定开仓的手数。用这种方法，我们可以结合前面几个章节讲的形态技巧来操作，比如三角形收敛、横盘突破、W 底和 V 形反转、箱体震荡等，每种形态的止损幅度不一样，根据大家的喜好和习惯来定，以你的承受能力来设好每次的最大止损。最大止损法一定要控制好仓位和止损位，行情不好多轻仓，行情好则重仓，并随着涨幅加仓，同时要机动地调整止损位。所以最大止损法的要点是：要么控制好最大损失总量，要么是控制最大损失幅度，这个结合我们自身实际状况，按水涨船高原则处理。

第 2 种：横盘止损法

所有分时图的形态，其实是由点数、时间和曲线（或 K 线）来形成的，当时间无限推移的时候，会发现除了横盘突破、时间改变、成交量改变外，其他的形态每时每刻都在改变。在横盘形态中，小的止损容易被打掉，所以要设一个大的止损。横盘多数时候是一个箱体状态，这个大的止损要设置在上下边缘，反向入场，这就是横盘止损法；相应地，其止盈就设在对向的边缘。比如，入场后过了 30 分钟，我们看一下，如果到了最大横盘止损，就意味着可能要突破横盘，变成趋势行情，向一边而去，这时意味着我们之前的方向做错了，宜采取突破止损，等确认方向反向入场。如果横盘过了 15 分钟，还是没有按照我们预估的那样迅速突破，还在震荡箱体中，加上成交量普遍很小，这时不管小亏小赚都要出来，或者只留轻仓。尤其是横盘中成交量缩小到极致的时候，应主动去止损，我们以沪锡的案例来做说明（图 5-3）。

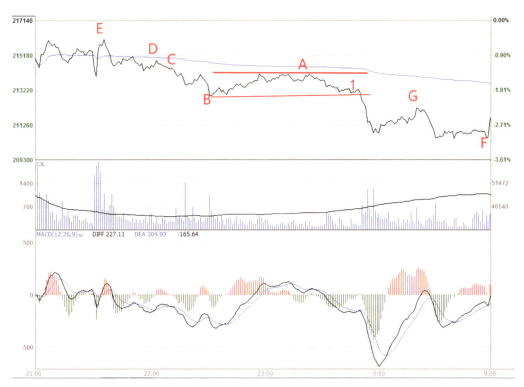

图 5-3　沪锡 2303，20230215 日线分时图

上图中，前面 E 到 B 有一波行情（下降的通道），且有成交量，可以做。它发展到末期（整个 A 段是一个箱体），我们会发现成交量很小，价格波动很小，如果这时，比如说在 B 处入场突破做多，但是我们看它在 A 的尽头还没有到止损位，这时又横了很久，这个形态其实已经改变了，多的力量不够，这时不管盈亏，都要及时离场。如果按照横盘止盈法，通过价格波动与成交量，预判是一个震荡箱体，就在箱体上下沿各画一条线，在 A 的最高点止盈离场，在 1 处（与 B 齐平）设置一个止损位，到了就止损出场。所以，横盘止损通常是一个被动止损的技巧，没有行情就尽快离场，别产生亏损。

第 3 种：移动止损法

我们还是以图 5-3 沪锡的案例，来分析移动止损。比如说在 D 的位置做空单，其入场的依据就是价格波动很小，形成一个三角形收敛之后的突破，预计在 C 处横盘之后要选择方向，即下降通道。如果我们在 D 处入场，小的止损放在 D 这个高点，平进平出，最大的止损放在 E 这个高点，之后就是让它自己走，不要轻易地移动止损（即固定止损）。后面，发现在 A 这段有一个很长时间的震荡，这时就要采取移动止损技巧，原先下降通道是固定的平推止损，很多人都喜欢赚钱后就平推，比如到与 C 处平行的 A 处，往往在这止损卖掉了，因为这个位置止损不变，所以止损赚不了多少个点。而震荡行情，我们要采取移动止损，且止损位要大一点，要不很容易平推。当这一波行情从 A 段末尾 1 处往下突破，止损就移到下一段的高点 G 处，这样就可赚得多一些；当行情继续往下震荡来到 F 处，那止损位就往 F 上边移动，这样可以保证空单有利润。

移动止损的要点，需要对比前后两个震荡来调整，即用上一台阶的低点做下一台阶的高点来止损。在上图中，止损在 D 处这边，这个行情随着时间慢慢往下走，小突破之后又横盘（A 段），往下走又有横盘，然后在 F 处是夜盘，新手操盘最好不过夜，这时就应主动离场。

移动止盈跟移动止损类似，只是方向相反而已。当它上涨的过程中，执行固定止损没问题，但上涨到一个阶段后遇上震荡，尤其是遇到阶梯箱体行情的时候，我们就要调整止盈的台阶，比如上涨到这一级就摸这级的高点止盈，一级级往上抓住行情。包括三角形收敛、W 底和 M 顶这些形态，都可以按照移动止损、移动止盈的逻辑去做，本质上是要追随最新的价格，设置新的止损和止盈，确保交易不被打断太多。

以图 5-3 沪锡来说明具体操作：我们将止损设在 214400 元处，这个价格相当于 500 元的止损，如果做多，相当于我们开一手就亏 500 元，如果开 4 手亏 2000 元，最大亏损全没了，这肯定不行。当然 10 万元最大亏损是 2000 元，那就只能开 2 ~ 3 手，不要一下全亏了，所以在 D 处先开 1 手做空，然后就让盈利奔跑。到最后，随着横盘下降，这个移动止损下来了，止损降到 G 处，接着它又降到 F 处，遇到夜盘收盘时间，这时最好主动平仓离场；或者是打到 G 处附近离场，这一波空单下来也能挣 2000 元，这样，手续费相对来说就省很多，因为避免了频繁操作。

我经常说，我们要让盈利奔跑，不管怎么样，一定要做顺势，在顺势中减少操作，而不是一味地去追求高盈亏比。有人赚一点小钱就主动走，比如从 D 到 B 就离场；或者说从 D 处入场后一直不止损，直接跌到 F 处才离场，赚了好几倍（注意，这是马后炮），这种操作是没有理论依据的，除非真是靠幸运赌对了，这种赌法不能长久。我们只有根据行情的变化及时调整，尤其在横盘中别设太小止损，小了容易被止损，后面再好的行情也无关。前面举的转折点、W 底、V 形反转这些案例，都是根据盈亏比来调整移动止损的。

第 4 种：关键心理价位止损法

我们看橡胶期货 2305 的案例（图 5-4）。

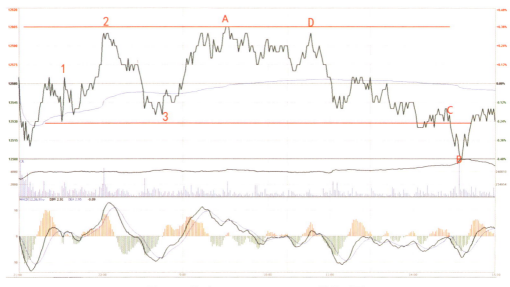

图 5-4　橡胶 2305，20230215 日线分时图

图中，末端 B 是处在最低的 12500 元位置，如果在最高点 A 入场做空，关键心理价位止损就是 A 处 12600 元，最高和最低差 100 元整数关口，我们看到 A 与 3 这个范围内震荡，形成箱体。A 处基本上是顶部高，因为前面 2 处也是见顶，并放巨量，然后经过两个反转达到 A 处最高点；下跌也是这样，打到 B 处位置放巨量，基本上是到底反转，

空头就要主动离场（反手做多要看收盘和后面的趋势）。当然，在 C
处与前面几波低点处于同一水平线，根据这种箱体行情，再有突破向
下，就该考虑做多。图中的 A、B 两处都是关键心理价位，一般箱体
行情或者趋势行情都会很有用，选择好关键心理价位止损，高点做空，
低点做多。

　　第 5 种：逻辑止损法

　　逻辑止损法技术要求较高，在我们震荡和箱体行情中，不太建议
用，除非我们了解当前的趋势出来之后，才可以用。继续看图 5-4 这
个橡胶行情，我判断当天是一个震荡行情，可以用前面的关键心理价
位止损法，那逻辑止损法怎么用呢？从形态来说，在 C 的前面一段，
不仅到了 12530 前期低点，属于箱体下沿，形态也是向上突破，这时
候想在 C 点选择做多买入，能否行得通？这时候我们看，按上面第 4
种关键心理价位法，理论这么做是通的，但实际行情总是有变化，它
还会选择 B 处向下突破。从复盘来看，从 C 处的 12535 元降到 B 处的
12500 元，出现了放巨量，这时候 C 处入场做多，其实已经亏损了，
用逻辑止损法来补救，这时候我们反其道而行之，甚至可以亏损在 B
处加仓做多，期待它反转。这就明确知道当前是震荡突破了，有趋势
但还不明确，我们要验证。操作的逻辑不能变——宁可亏损加仓一次
做 V 形反转，能把前期的亏损全部补回来。如果逻辑错了，就会在 B
的位置打破 12500 整数关口继续往下，这时止损就放在 B 稍下一点，
控制好损失。这种逻辑止损法结合了以上几种方法，我们要算好最大
止损，结合当天最大承受能力后再去操作，有较大的风险，新手不要
盲目使用。

　　资金管理，上面我讲了几种止损方法，连带讲了止盈，可以单个用，也可以组合使用。图 5-3 讲到的沪锡，只有 50% 的仓位，因为是震荡行情；趋势大行情，资金管理重要的是随行情逐步提高止损，把利润留住。

　　总结：资金管理的原则就是以损定量，每天定好止损额度，赚的时候上不封顶，让利润奔跑；亏的时候有下限或最大止损，一定要控制仓位，机动调整止损位。

三、资金管理的关键是利润

　　前面讲了最常用的一些技术形态和盘面分析，再加上资金管理的方法，这时可以尝试去操作，但光有形态、成交量、持仓量这些方法还不行，不建议马上去做实盘，这样操作的确定性比较低。上节学了交易中止损和止盈的几种方法，本节我们结合日内交易操作的思路，建立整体交易系统与观念，以稳定盈利为目标，提高实盘操作胜率。

　　我们来看 PTA 期货 2305 案例（图 5-5）。

　　日内交易，当天要么是走出几根大阴线或者大阳线，要么是比较平滑，这几类形态该如何入场呢？它们有一个很明显的特征，就是前面 5 ~ 15 分钟放一个巨量，价格走向很明显。上图 PTA 中，就是 15 分钟时它的巨量成交价作为当天的多空分水岭，在这个价格上方（5586 元）我就认为是做多，在这个价格的下方，我就认为空方占优势。明确了这个思路，操作也就有方向，这时结合成交量、持仓量、形态再

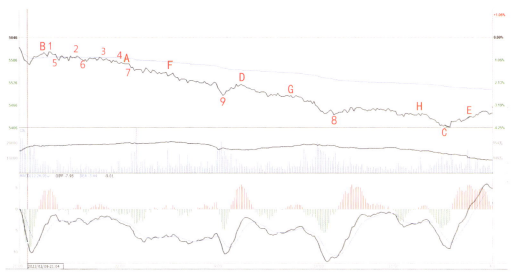

图 5-5　PTA2305，20230209 日线分时图

入手。在这个形态里，我们发现 B 处前面有成交巨量，价格基本上就是围绕着 5586 元这个上沿运行的，1、2、3、4 属于高点，逐步下移，5、6、7 属于低点，也逐步下移，构成一个下降通道。我们看到整个成交量也是缩小到极致，价格波动也很小，这时它就要选择方向了，而这个方向是什么呢？

在这前面 15 分钟，是成交量大的一个区域，都位于均价的下方，那说明是空头占优势，尽管 15～20 分钟曲线在向上走，但成交量偏低，不足以抵挡前面的空头方向。成交量小、价格波动小的时候，可以先不动；确认好下降方向后，你要入场时，这时需要设置好止损。我们发现，在 A 处价格是 5580 元，跌破了均线，是最佳入场点；最大止损点是 B 处 5608 元。二者相差 28 个点，28 个点就是最大止损，如果投10 万元，我们能接受的最大亏损为 2000 元，那我们最多可以开 15 手，如果方向判断错了，最多涨到 5608 元就止损，亏 2000 元，今天就不做了。你有最大心理止损是 2000 元，开仓之后就等待价格走完整，错了就止损，对了继续走着，调整动态止损位。所以说，我们把每天的交易都当成一个全新的战场，每天去演练，就容易分清里面的多空力量，然后等形态和成交量的确认，判断好方向，选择准确的入场点。

我们看分时图基本上是按照下降趋势走的，下降通道明显，没有什么太大波折。像 7 后面有一个放巨量，它会不会有一个 V 形反转呢？要等一等检验，不用着急离场。像这个放巨量其实不代表什么，它没有什么特殊含义，没有因为放巨量导致价格很大波动，价格恰恰很平稳。随着成交量的变小，价格又一波下跌，到 7 处又出现一个加速放量，它有可能形成一个短期底，预计赚到了一波，这时是继续持有还是离场？我们操作要有依据，这时成交量和持仓量是很关键的，需要配合形态综合判断。既然它是一个下降通道，我们又不是重仓，且成交量一直不大，那就要继续持有，同时把动态止损位调到 A 处，稳定住已有利润，并对走势有信心。

我们做日内交易，并不是说做的时间短，它的盈亏比就小，相反它的盈亏比可以很大。图 5-5 中，我们如果在 B 处入场，持有到 A 处离场的话，基本上盈亏比是 1∶6 左右。如果我们把止损放很小的话，就会带来频繁操作，其实没必要这么精准，因为我们以损定量做好了准备，止损尽量放大一点。B 处开仓进去，按照我们说的移动止盈，到了 F 处就把止损位调到 A 处，一直下降到夜盘收盘处（9 处前面），这时赚了钱最好是主动离场，哪怕是亏钱也应该主动平掉。平掉之后，我们看到第二天还在下跌，这一波下跌我们没有参与，可以不管。如果继续参与的话，相应地要把止损位调到 F 处，甚至调到夜盘收盘处（与 D 齐平），后面可以在反弹到达 D 之后再入场，如果是这样的话，从 A 到夜盘收盘处，盈亏比就是 1∶3 左右。如果我们能够从 B 处入场一直持有的话，理论上就是可以持有这个形态被吞没在 C 处反转，全部平仓，这是赚得最多的。

当然理论不等于实践，实际操作中你用动态止损，只要判断正确且不轻易离场，也是有可能实现这个结果的。在移动止损中，每一波赚了很多之后，我们要把止损顺着方向移动。当这个走势往下突破之后，我们就把移动止损下移，台阶式往下移动，直到在最底部反转时，止损被打破，变成了被动止盈离场（图 5-5E 处）。这个操作思路就是把最后一段的盈利放弃掉（C 处到 E 处的亏损），我们只有放弃这看似存在的盈利，才能真正让盈利奔跑，因为你是按预设步骤操作，符合我们前面讲的各项技巧要求。如果人为主观操作，不仅做不到让盈利奔跑，还可能因为随性把赚到的利润吐回去。如果主动离场，就要等一个加速放巨量的信号，比如在 8 处之前，成交量一直在加速，价格却在下跌，这时等一个小反调，回调到 8 处又放巨量，价格已经跑到低处，这时就要主动止盈离场。这也是一个很理想化的动态止盈技巧了，多数人很难做到，可能在 9 处就全部平仓跑了。

我们再来看一个橡胶期货 2303 案例（图 5-6）。

这是一根很平滑的曲线，没有太多毛刺，趋势明显，一开场就是空头排列下压，是一种向下的形态。它真正的入场点可能是在 5 分钟之后再次选择方向，这时有成交量，且都是卖方主导，就等着反弹之后再次突破向下。不过，C 这个入场点有些着急，如果不想开始波动

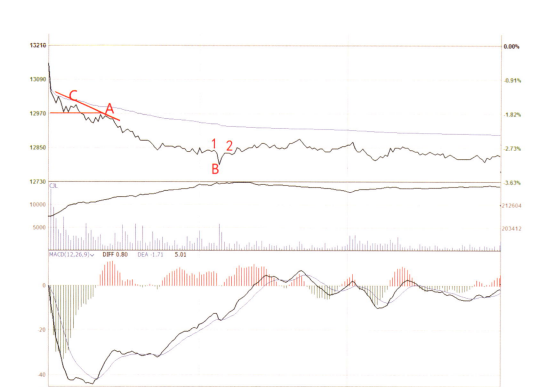

图 5-6　橡胶 2305，20230202 日线分时图

大的时候入场，那么等下降趋势确认，将 C 处设为止损，在 A 处入场，相对来说更可靠。

　　做日内交易，思路一定要清晰，就是要定好方向，今天我们要做的方向是什么？是做多还是做空？一定要先综合形势做出预判。在图 5-6 中，在 C 处下方价格是 12970 元，我们看到成交量大多集中在这个价格上下方，均价点就在这儿，后面的曲线一直在这个多空均价点的下方。我们看 A 处，虽然多方价格在顶部，但成交量很微弱，也没有超过 12970 元的价格，力量在减弱，还是空方占优势，趋势一定会往下走的。这个形态就是跟三角形收敛相结合的下降通道，尤其看到 A

处的成交量在缩小，价格波动又小，肯定要向下行。有了这个思路之后在 A 处入场，就能够在 B 处加速放巨量的时候（也是一个小 V 形）及时离场。这个加速放巨量是一个标志，B 前面经历一波下跌后，幅度很大，然后走了很长的横盘，加上放巨量，这时主动离场就是最好选择。震荡这么久，在 B 处我们不仅抓住了全天的最低点，按照移动止损的要求，那也应在这个 V 形的两肩 1、2 处主动离场。主动离场还有一个条件，就是前面已经跌了很多，利润足够了，盈亏比大概是 1∶4，加上横盘之后加速放巨量，赚到手就该主动离场，是非常明智的选择。

　　稍补充一下，后面章节的相关例子中，我会在成交量、持仓量里面多讲讲数据，多做测算，赚和亏都要明明白白。一旦形态确定了方向，有了入场点之后，如何入场？开多少手？这都是需要做功课的。比如在图 5-6 中，在 C 处的位置将止损位设置好，它还是整数关口 13000 元，入场点 A 处是 12950 元，正好是 50 个点的止损空间，如果最大心理止损是 2000 元，那正好可以开 4 手，开完就让盈利奔跑。到 B 处交易时间也就是一个小时，差不多有 200 个点的利润，4 手就是 8000 元利润，它的胜率和盈亏比还是相当高的。

　　总结：看准下降通道，按阶梯式的动态止损（止盈）设好，不轻易出手，等待确认反弹后再离场，这样能把每一个台阶相差的利润吃到，才是最成功的技巧。

微信扫码，丁伟锋详解止损和止盈实战技巧

第六章

成交量和持仓量实战技巧

期货交易者都知道，日内交易有更多操作机会，机会多，对应的陷阱也多。入场之后没有发生止损，或者只出现很小的止损，就能让盈利奔跑，说白了就是多赚少赔，这就跟成交量有重要的关系。入场就是开仓的时机，讲究不早也不晚，判断好方向，赶在行情调整结束出趋势的时候，配合成交量和持仓量进场。一旦选对了，你的持仓量也很关键，方向对，持仓量大就赚得多，尤其是趋势行情，可以重仓做；震荡行情，即便是选对了方向，持仓量也不宜大，一般不超过50%。

一、看成交量和持仓量找入场机会

　　前面几个章节的内容，讲到了三角形收敛与成交量的配合，讲了趋势的开始、发展、反转、结束与成交量的配合，并根据我们的持仓量来打配合，踩准节奏入场，这些都是我们做日内交易最重要的节奏感，也就是经常说的"盘感"，有了盘感操作会更加得心应手。成交量和持仓量是我们交易的重要指标，是配合价格来运行的，对于整个日内交易来说，它们是什么样的关系？请看图 6-1，我们会结合案例来说明。

　　持仓量是什么？持仓量既指某个品种的总持有量，也指个人或机构在总量中的份额，它是一个能量或者动能，这波行情能走多远，速度有多快，就靠持仓量的变化给出行情演变的节奏。当某一个行情或者品种没有多少持仓量，或者说它能量弱小，它就没有行情，没有对手，交易都很少有，几乎是一根直线。这个最简单的就看 2024 年上半年的动力煤，没有成交量，它每天都是一根直线，那就没有做的意义了。

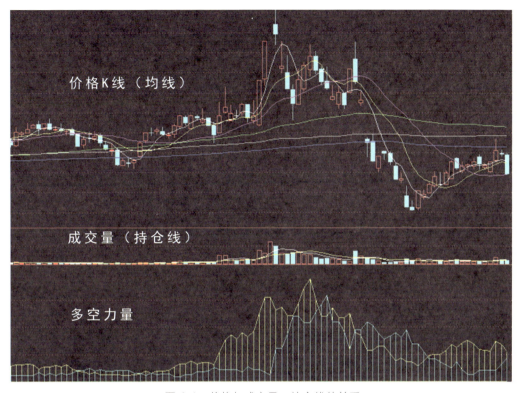

图 6-1 价格与成交量、持仓线的关系

日内交易重点就是形态完整，有成交量，有价格起伏波动，有多空参与，这才是正常的交易。

我们来看玻璃期货 2305 的案例（图 6-2）。

前面夜盘是一条直线，没有成交量。9 时开盘以后，成交量缩小，冲高回落，被空头压制着。我们发现整个盘行情只在前半段，从 C 处到后面收盘是一个横盘区，它的价格波动很小，成交量相对来说不是很大，只有几个低点有加速放量，尤其是 C 处放出巨量，说明这时就要变盘了。在这个形态中，我们通过简单画线就知道，1、2、3 形成高点，4、5、6，两条线构成一个三角形收敛，整体是一个向下的通道。

图 6-2　玻璃 2305，20230130 日线分时图

从 A 处开始汇合力量向下发力，方向明确，是一个很好的买入点，其止损点在 B 处。从一开始 2 处成交量小，冲不上去，到 4 处空头力量迅速下降，突破放量，这个放量就是很健康的一种行情，是走出趋势的表现。这是打破平衡的一瞬间的力量，很有爆发力，并且展现出来了，那行情相应地就能走得比较远。

这一天日盘，我们看它的盈亏比，比如说在 B 止损，在 3 处入场，在 C 离场，相当于 10 倍以上的盈亏比，赚钱效应很明显。行情结束，意味着它后面要么震荡，要么继续往下，要么反弹，其实都不影响，我们这一波赚到钱了，看到加速放量就赶紧离场，后面有没有赚，留给别人，这是最好的交易守则。大家看底部，结束的行情需要一个比较大的成交量，而且是加速放量这种，图中的 D、C 具备这种特征，都可以离场，并设置动态止损，把赚到的钱牢牢装在口袋里。

主动离场和被动离场的区别：主动离场，就是在 D、C 加速放巨量时尽快平仓离场；被动离场就是再看一看，因为调整了动态止损，在 D 和 C 加速放量后等一等，如横盘继续持有，如反弹到止损位就全部平仓；如下降则继续持有，再下调止损位，直到行情横盘或反转触到止损，全部平仓而出。在这里面一定要看是否有最后的加速放量，如有就代表当前的行情结束，这是成交量和持仓量的重大变化。

这个玻璃行情，我们要复盘加深对成交量、持仓量的理解。开盘时，我们会发现它的持仓是持续增加的（底端红柱），说明多和空的分歧是比较大的，尽管多头占优，但是成交量缩小，价格下跌，空头开始了一波流畅的下跌。这是整个分时图上我们能读懂的语言，伴随着成交量、持仓量和形态的变化，我们找到入场点，设好止盈和止损，然后就可以让盈利奔跑。我们看 B 到 6 之间的缩量，多空都很消极，其实是在积蓄力量，之后 A 下面有一个放量，空头才开始发力，方向已经明朗。中间很多小的起伏变化，多头一直持仓微弱，其实是一个好的行情演变，有利于空头。即便 D 前面有一波多头持仓发力，价格上升，但挽救不了颓势，价格一直往下跌，D 处放巨量，空头持续发力，实际就意味还有下降空间，等着到 C 处放巨量和横盘就可以结束战斗。C 处横盘以后，尽管多头有一大波持续发力，但成交量明显偏低，一直不温不火，全天再没有好的行情，到收盘处离场也是可以的。简单来说，趋势行情一直让盈利奔跑，震荡行情可以早离场，或者轻仓继续。

　　入场按节奏，离场按规则，这样我们就知道如何做好日内交易。
日内交易时我们一定要通过成交量、持仓量、价格形态去配合，应该
等待机会，不轻易乱动。这个理解通透了，操作起来就有依据。

　　我们来看苹果期货 2305 横盘突破后上涨的案例（图 6-3）。

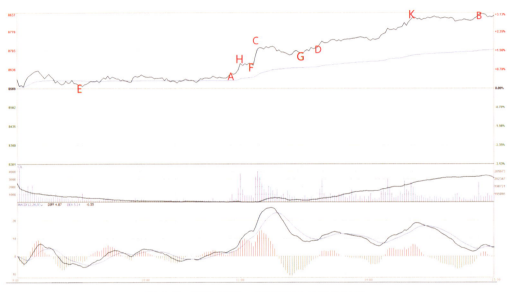

图 6-3　苹果 2305，20230214 日线分时图

　　苹果 9 时开盘后，上午大部分时间都是横盘，什么时候突破？就
要有成交量、持仓量和形态来配合。上午横盘的时候，它的重要特征
是成交量小，价格波动小，多空持仓量都不高，也没有明显的巨量，
这时都可以不管。当这个横盘到尾声的时候，在 11 时之前多头持仓量
在缓慢买进，到 A 处有一个价格上升，之后开始了横盘突破，尤其到
H 处有一个加速放巨量，给出一个明显的信号，这时该在 F 处入场了。
那么止损设在哪呢？就设在 A 处，如果没有触发止损，可以一直持有，
并且随着上涨不断调整动态止损。随着 H 后面一波小横盘，到 F 处又

放巨量，多头持续加仓，力量强劲，因此 F 处也是一个好的入场点。我们前面讲过，横有多长竖有多高，一个行情的横盘越长，它的涨幅或跌幅就会保持同样的比例，时间也会拉长。

随着 A 处的启动，这一波行情后面带有较高的成交量和持仓量，多空战斗很激烈。这是一个正常的行情，走起来会比较流畅，方向也是一个上涨的顺势。我们读懂这段行情的语言——成交量一直在变化着，时而放出一波小巨量，持仓量在交替展开搏斗。那到什么时候离场呢？按照这个顺势上涨的行情，就要等机会，多空搏杀有一个双方疲软的时候，双方都没劲了，成交量逐渐降低（K 到 B 这一段），价格波动也小，最后有一个加速小巨量，往上冲的时候尽快离场（B 处），把这一波顺势利润全部吃掉。我们看到，在日内的尾部，整个加速放量就在 B 处，虽然力度不大，但它是一个标志，而且接近收盘，是一个最佳离场机会。这个分时图中，有被动离场和主动离场两个点，B 处是被动离场点，只要把动态止盈点设好，就可以让盈利奔跑；而主动离场点在 K 处，这时前面有几波小巨量，且多头占优，K 已经冲到了高点，主动止盈，落袋为安，后面的横盘就不管了。这样的日内波段交易，是做得最舒服的。

交易最重要的指标，就是追求盈亏比。日内波段交易，我们可以尽量少做多看，结合成交量、持仓量和价格形态，有方向就做。盈亏比是一个结果，是按照正确的方法得到的，至于盈亏比高低是不重要。没法确定能达到多少的盈亏比，这个要看成交量和持仓量来定，趋势行情持仓量就要加大，而横盘期间持仓要减少。我们看到持仓是一路增加的，在上涨过程中，持仓是持续增加的，而在下跌中，就需要持续减仓，跟随多空力量变化着，直到最后打破平衡，要么清仓，要么继续加仓，重要的是把利润赚到。

总结：我们一定要清楚，主动离场和被动离场的区别，按照动态止盈和止损的方式去离场，能主动就不被动，不能简单地按照盈亏比去决策。只要时间短，利润大，效率高，主动离场就是一个好结果。

我们来看沪银期货 2306 的案例（图 6-4）。

前面 V 形反转我们讲过这个案例，它是一个头肩顶，就是见顶反转。V 形可以理解为头肩顶，有左右肩，如果右肩要比左肩略低，意味着它有下跌趋势；如果是上涨就要反过来，右肩要比左肩略高一点。在这个形态当中，我们说有趋势反转，它原本是一波上涨到 A 出现加速

图 6-4 沪银 2306，20230202 日线分时图

放巨量，然后形成 V 形反转，符合前面说的几个标准，这时候再结合成交量、持仓量的变化，就可以判定它的方向，是一波流畅的下跌趋势。这个形态跟我们后面章节讲的剪刀手是同样的道理。我们结合成交量、持仓量、价格形态去入场，D 处是一小段横盘，成交量很小，就等在 C 处加量时，入场做空。这波行情，形势走出来后持续向下，动能很强，当天日盘走出一个很低的位置，一直走到全天收盘都处于横盘通道。在 D 处入场，你可以一直持续，直到收盘离场，这是被动离场；第二处主动离场，应选择在 G 处，一是夜盘结束，二是 F 到 G 经历了一段向下通道，成交量小，价格波动小，多空力量均衡，加上动态止盈，就可以在 G 处主动止盈，后面都不用去管了。除了两处被动离场，还有两处主动离场，分别在 E、F 处，两处都是迅猛下跌的止跌小横盘，空头力量用完，成交量缩小时，就在 E、F 处果断离场。因为当天的跌幅已经足够大了，我们看到盈亏比 E 处达到 1 ：3，F 处达到 1 ：6，这时候的止盈离场，只要符合自己的预期，留住利润，后面可以放掉。

　　交易中要反复去复盘这种很明显的机会，更多的是不明显的、似是而非的行情，抓不住的我们就可以放掉。一定有所为有所不为，才知道日内交易应该做些什么，应该放弃什么。整个行情像这么流畅得很少见，一定要抓住，短时间内出奇迹；其他震荡行情，要么轻仓，要么离场。

　　我们再来看橡胶期货 2305 的案例（图 6-5）。

　　如图 6-5 分时图，它并不是玄之又玄的技术，跟分钟图本质是一样的。图中是一个大幅度的 W 底，A 是左底，B 是右底，伴随着成交量、多空力量对比，形态发生反转。图中的 B 底，经历了空头长期的优势控制，已经走到了末端，成交量缩小，价格上创造了新低。这时

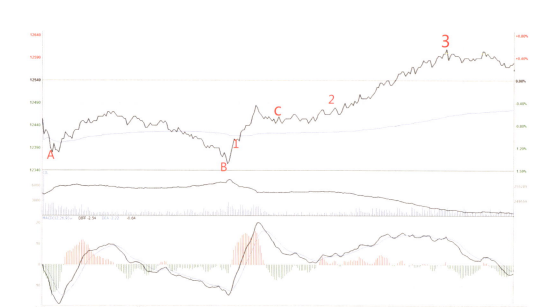

图 6-5　橡胶 2305，20230220 日线分时图

候在 B 处放出一个巨量，多头加重仓，于是它在 B 底开始一波反转上涨。我们看到持仓的变化在 B 后面这一段，反转后多头持续增仓，甚至是空头主动离场，将做空的资金或者是动能主动加入多头。方向明确后，行情上涨很迅速，于是在 1 处做多买入比较可靠。这个还可以配合 V 形反转加深印象。B 到 1 形成了一个小 V 形，右肩 1 处明显高于左肩，所以在 1 处是一个安全的入场点。回看 W 底，B 处强大多头动能上涨后，从 1 处往后面成交持续放大，上涨势头很猛。

到第二个 W 形 C 处，这时成交量萎缩得很厉害，空头力量占优，不过 C 处右肩也是比左肩高的，我们判断它还有上涨空间，因为多头的动能还没有完全释放出来，赚的利润很有限。经过一番盘整之后，多头在 2 之前就开始加力，虽然成交量不高，但价格又冲到 2 处。整个形态往上突破的时候，都是多头带量发力，空头缴械，所以有了连续上涨，在上午 11:20 收盘前，有一波持续上涨。尤其是突破颈线 3，就到了离场的时候。3 处多头冲了一下见顶，接着空头开始加码，成交量缩小，这时候往往要变盘。变盘配合前面的几种形态，决定了方向，于是又可以反手做空。当然，这个橡胶品种下午盘进了震荡，成交量很小，动能失掉了，即便进去做空，持仓量也不建议过高。

比较流畅的行情，一定是配合大成交量，持仓量增加的，读懂这些变化，能够提高交易的成功率。如果只有价格形态，我们的成功率一般只有 30% 左右，加上成交量、持仓量，我们的成功率就可达到 60% 左右。如果再有比较好的盈亏比，那我们整个操作频率就要降低了，多看少做。盈亏比变大后，确定性提高了，精准选择入场时机，主动离场，高效获利。这样简单地重复，在这市场上最起码能够立得住脚，不至于经常惨败于对手。

总结：想要立于不败之地，学会看懂分时图，结合成交量、持仓量、形态等因素，经常复盘。欢迎大家多进入书友群交流学习，听老师讲解案例，实时指导，提高自己的判断力和成功率，就能抓住几波爆发的行情。

二、震荡行情配合成交量与持仓量

讲一个下降通道的操作，来看螺纹钢期货 2305 的案例（图 6-6）。

这个图形中，螺纹钢的成交量比较杂乱。1、2、3、4 连续几个高点之后形成下降通道，每到一个下降通道的下沿，其实都伴随着比较大的成交量。这时候我们如果简单地按照价位去入场的话，就会比较

图 6-6　螺纹钢 2305，20230210 日线分时图

被动，它忽上忽下，容易被止损线平掉。我们能看懂这个行情，但是具体怎么操作，入场点、止损点比较难把握，也不知道它在什么时候结束。主因还是我们看到成交量、持仓量几乎是一个杂乱的表现，很难判断一个明确的缩量，不知道下一个行情会怎么走。所以，上升和下降通道行情，相对来说就是比较难做的。

前面经常讲的震荡行情和小箱体行情，整体就在一个小的震荡范围，类似于横盘，在这里面我们要找到入场的时机很难，更多的是主观操作。我们主观地认为在这个点发生了入场机会，多和空转换了，进去之后变化又很快。平时像这种震荡行情、小箱体行情都是比较乱的，我的建议就是先把分时图读懂，可以轻仓操作；没有明确的方向和机会，我们就不要操作，即便做了，它的盈亏比并不是特别合适，止损还要求放得大一点，要不然会频繁操作。上面螺纹钢的案例，震荡向下的时候趋势不明显，难把握机会，但是到了 A 处的底部，有一个放巨量的成交，意味着转折，变成一个大 V 底。这时候就有机会去做，但不是马上入场，其入场点应该等动能明确，比如多头占优的 B 处，把握性更大。

来看一个台阶式上升箱体——沪锡期货 2303 的案例（图 6-7）。

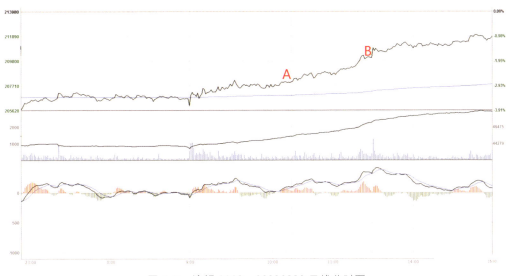

图 6-7 沪锡 2303，20230220 日线分时图

这个倒是比较好做的，因为它有成交量、持仓量明确的变化。我们看到沪锡前边夜盘，基本是横盘状态，成交量小，行情走不出来。第二天白盘成交量有了，多空对比明显，9 时开盘后，走出一个台阶式箱体行情。前半小时，我们会发现随着成交量较密集，价格波动小，多头持仓增加，这时方向已经表明，是一个向上的动能。这时需要找一个比较好的入场点，图中 A 处是一个做多入场点，此时空头退出，

多头进入，就采取跟随技巧。我们看到，A 上涨一段时间后，成交量又缩小，空头进来把价格拉平，进入箱体，等待方向选择；此时空头很弱小，不仅持仓量小，成交量也小，到 B 处，多头进来一小波，当成交量放大的时候，它又选择向上，所以 B 也是一个很好的做多机会。

在这两次机会当中，我们看到按照台阶箱体的理解就是持仓增加，动能增加，价格波动小，确认好方向后，就可及时入场。这是台阶式箱体上升突破的特征，同时结合成交量、持仓量、价格形态的变化来做，一定要等方向确认后再进入。所有的操作要有依据，不要主观地去判断，认为一个拐就是 V 形，两个拐就是 W 底，然后抄底做反转，形成误判。做交易一定要有比较大的格局，不要急于一时的蝇头小利，或者后悔没有早买入，要结合几种形态和指标，综合得出一个确定方向之后，这样入场胜算更大。

再讲一个台阶式下降箱体——橡胶期货 2305 案例（图 6-8）。

在这个分时图里，我们看到开盘后前 20 分钟，有一波持续多头增仓，但是价格冲高后，多头力量还在，持仓也上不去，价格就往下走了，成交量也缩小。随着空头的打压和增仓，这时就把上涨的动能拉下马，随着空头持续增仓，行情从 22 时 1 处往下走了一个台阶。走完这个台阶之后，我们看到是一个夜盘尾声，此时作为多头，无论主动还是被动，都需要及时平仓离场。我们看到，第二天日盘 2 处开始，进入一个震荡箱体，多空在较量，但成交量很小。从 10 时起，此时空头持续增仓，下降的动能又增加了，向下的方向明确了，那么入场点选在哪里？前面连续出现了几波下降箱体，每一次都是成交量缩小，价格波动小的时候就是入场点，这样选择盈亏比不高，入场也是选择轻仓，或者

图 6-8　橡胶 2305，20230210 日线分时图

不进入再等好机会，这是我对成交量和持仓量的一个解读。直到最后在 A 处下方，我们发现空头持仓急剧增加，导致价格加速下跌，此时在 D 处有一个做空的机会（有一个放量）；后面虽然多头做了强势反扑，但无济于事，价格还在下跌。伴随着一个成交巨量，我们看到 B 就是当天的底部，然后开始了一波 V 形反转。成交量对于我们的节奏把握是很关键的，量小的时候往往能改变当前的平衡点，量大就是反转，再配合其他形态，来做出入场选择。

　　当然，做出 B 是底部的判断，多少有些马后炮的意味，实际操作中没这么准，一般要等形态出来再入场，比如在 C 处入场，确定性是最高的，因为多头力量强劲，成交量放大。行情是忽上忽下，有时很难理解，我们千万别光顾一个因素牵强入场，要提高成功率，必须将形态、成交量、持仓量三个配合做判断，还要根据收盘点、横盘等形势综合决策。上图 6-8 我们判断 A、B 是最佳入场点，但 C、D 更科学，确定性更高。

平常做交易，尤其是初级交易者，实盘仓位一定要控制小一点，千万别有赌的心态。在实盘里面我们反复去琢磨，把价格形态、成交量、持仓量这些因素搞清楚，它们的变化如何使用，特别是放巨量的时候，一定会反转吗？最主要还是看多空力量对比以及持续性。还有我们追求主动离场还是按照规则被动离场，这都要根据当天盘面的综合因素、盈亏比来确定。比如上图中，A 处入场做空，在 B 处放巨量主动离场，马上走；C 处入场做多，当最后一根阳 K 线在 E 处被吞没时，也是主动离场的好时机。

学完了这些，常加练习体会，多向老师请教，再总结成一个拿手的招式去做交易，这已经不是简单的招式，不是片面的技巧，而是一个综合的招式；按照武学说法，它是一个打通了任督二脉的高级招式，一招可以制胜。

总结：资金管理的根本，就是配合成交量、持仓量和价格形态，做好入场和离场，把形态走完整，把利润装进口袋，这样做日内交易会比较顺手。行情是伴随着成交量、持仓量的变化走出来的，包括下一章的内容，我们会讲剪刀手技巧，也都是配合这些因素去做的。

第七章

两组剪刀手操作技巧

本章是两组很重要的实用技巧，前面各章的铺垫，包括价格形态、成交量、持仓量、资金管理，这些内容都是为了这章的内容做准备的。相对来说，其他技术技巧的胜率可能只有50%～60%，本章的技巧成功率基本上就有70%～80%。很多读者和学员学过之后反馈效果都很好，并且贡献出很多经验与案例，有不少挣到钱的学员回炉继续学习。本章主讲的两组技巧带来的盈亏比大，机会多，所以要重点掌握，反复琢磨，复盘时要经常使用。

一、两组剪刀手技巧

　　这两组技巧就是剪刀手增仓滞涨与滞跌、剪刀手减仓滞涨与滞跌（图7-1），虽然说把它们当成两组，实际有 4 个，本质上是相似的，只是方向相反。剪刀手的意思是，在一波下跌和上涨的反转中，在两边下沿分别画两条交叉线，就形成一把剪刀；同样，在一波上涨和下跌反转的上沿，也可以画出一把剪刀。

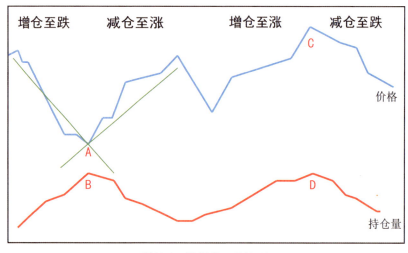

图 7-1　两组剪刀手技巧

我们来看 PVC 期货 2305 的案例（图 7-2）。

图 7-2　PVC2305，20230221 日线分时图

图中有两组形态，先看左边鲜红的数字，在下跌的下沿 1、2、3 画一条线，在这波上涨的下沿 4、5、6 下沿画一条线，两条线交叉就形成一把剪刀。大家看下方的成交量线，在左边 2、3 这两段，是增仓滞跌的；相反，在右边 4、5 两段，是减仓滞涨的。它的价格最低点 A 和下面持仓量最高点 B 相对，二者在剪刀的中心点同时触碰了，然后开始了一波反弹。这个速度是比较快的，后半段是一个减仓滞涨，先是急跌放巨量，持仓先增后减，量都是比较大的，开始了一波反弹，走出一波较大的行情，直到 6 的高点。在这个 PVC 案例中，我们看到它上半段持续增仓，价格却是向下，但在 A 点的时候，也就是 21：57，价格到了最低点，持仓在这个点接近最低；然后开始迅速减仓，动能降低了，价格却是向上，为什么会这样？

我们可以用吹气球来理解：当我们把气球吹到最大的时候，这是一个动能持续增加的过程，它的张力也逐渐达到最大，爆炸的一瞬就是能量最大的时候；在气球吹爆前，如果突然松手放气，这时它有一个很大的反作用力，"嗖"地就蹦远了，掉在地上。我们前面说过，持仓增加就代表动能增加，相当于给气球加气；如果是持仓减少，就相当于给气球放气，在爆点的两端都是很有力量的。持仓的增加与减仓是相通的，我们把它画成一把打开来的剪刀，就在这个 A 点形成一个交叉点，剪刀的左上边就是持续增仓下跌，剪刀的右上边就是持续减仓上涨，速度更快。

我们再看图右边暗红数字，基本上是复制了左边的形态，它的交易时间在 14:30—14:34，在两个底部 3 和 4 之间只有 4 分钟，其关键的过程是什么？这 4 分钟是一个持续增仓的过程，但是价格不再创新低，而是有个回踩，然后迅速上涨，这个就是增仓滞跌后的一个反弹，而且速度比较快。这个也可以理解为剪刀手的一个变异，道理是一样的。它在最低点 C 略微经过几分钟之后再形成一个反转减仓向上的力量，D 的增仓稍延后几分钟，所以保留了上涨的动能，但就像泄气的气球，持续时间不长。

回到图形的左边，我们了解这类剪刀手形态，它的胜率高，盈亏比大，为什么这么有把握呢？我们在 A 这个最低点设为止损位和入场点，如果出现这个减仓向上，就考虑反手做多。如果再有一个小形态配合，比如 A 处这个小 W 底，右底 4 比左底 3 高，成交量在持续放大，那就可以大胆入场。这个形态有两个入场点，1 处高点入场做空，到 A 的底部放巨量，在最低点离场，反手做多，在 6 处高点又可离场，两段都能赚到，盈亏比可以达到1：4，更多的可能达到1：5和1：6的样子，盈亏比大，胜率高，所以是值得简单重复使用的。读懂剪刀手技巧，这几处都是很明显的机会，止损又小，确定性又高，控制好入场和离场，最后的胜率或者盈利能力还是很强的。

　　这一招我们要经常反复去使用和检验，不断总结，这是我花了三四年时间研究出来的，而且是持续有效的。我们很多初级交易者一直在寻找某种技术圣杯，完美的圣杯是不存在的，大家可以把剪刀手技巧当成一种交易圣杯，我们只要简单地重复地去用，在设好止损后，就能让盈利奔跑。

　　那我们再看 PVC 期货 2305 的案例（图 7-3）。

图 7-3　PVC2305，20230210 日线分时图

结合前面章节讲的内容，我们看图中 1、2、3 几段构成了一个下降通道，它被打破之后在 A 处形成反转，但如果我们简单地看形态，那我们想马上在 A 处反手做多，心里是没有底气的，如何配合更多因素来确定呢？大家通过复盘看出，在 A 处出现一个加速放巨量，形成一个反转，通过剪刀手策略，我们可以尝试做多。打破下降通道在 A 处是一个最低入场点，还有 A 处一个小 V 形反转，确定涨到右肩 4，高于左肩 3，于是到 4 处再入场做多，更保险，到 6 处离场，这个盈亏比基本上达到了 1 ∶ 5，胜率还是很高的。

总结：在持续增仓的过程中，我们是不需要主动去做的，我们要把握的是增仓不再有，减仓价格反而向上走的时候，这时如果成交有放巨量等形态配合，那就是一个很好的抄底摸顶技巧。

二、剪刀手如何抄底摸顶

学习剪刀手技巧，就知道抄底摸顶绝对是正确的，但我们要知道怎么用，让利润最大化。我经常说法无定法，最重要的就是知道这个方法在什么时候用，如何入场，如何止损，如何离场，这才是我们学习和使用技巧最根本的东西，而不是听人家说抄底摸顶赚得多、死得快，这是因为没学过这个方法。学过剪刀手技巧之后就知道，如果说只赚不赔的技术，绝对是没有的，交易中所谓的"圣杯"，其实是胜率最高的那个，不是说没有亏损，而是说亏损比较小，有大的盈亏比做支撑，有高胜率做比较，那就是一个很好用的"圣杯"。这样的"圣杯"技巧，我们可以复制，简单重复使用，几乎每天都用，越用越熟练，最后确保赚得最多，持续时间又长，赔的时候和数量可以忽略不计。

在图 7-3 中，1、2、3 处于下降通道中，在底部被打破，出现一个反转信号，成交量和持仓量一配合，加上剪刀手技巧，我们就要反手做多。有人观察 1 是一个三角形收敛，在 1 的下面横盘处开始做空，认为自己的方法只做顺势，不敢做反转，那也可以。到 A 处出现一个离场的信号（V 形放量反转），那就坚决主动离场，而不需要等到被动止损。如果无法判断它会反转，那就按照我们说过的动态止盈，到了止盈位被动离场，也就是在 4 处的位置。学了剪刀手技巧，它的胜率会更高，多与空都能操作，这是它优于其他技术的地方。大家复盘的时候，要把这个剪刀手技巧当成一个作业，每天自己去看，反复研究，要蒙住后半段，去想应该怎么入场，怎么止损，怎么离场，在形态中要配合哪些因素，做完判断后，翻开后面完整的走势，看自己判断是否准确，失误又在哪里。

在图 7-3 中，上午一开盘后，波动还是挺大的，重点要关注什么？就是哪里成交量最小，价格波动小，这二者匹配都小的时候，如 C、D 处，就是入场点，同时判断它的方向。E 处也可以入场，但止损不好把握，如果设小，容易被打掉，后面大跌行情也跟自己无关。当变化大了之后，又是一个入场点或者是离场信号，中间就是震荡区，或者看不懂的行情，那就不要入场。等本章的内容学完之后，我们要把分时图上什么时间入场，想得明明白白，当价格波动很小，成交量很小，这类变化不大时不用去管；有趋势的时候，需要我们结合形态，比如说在 1 处有一个三角形收敛，在 C 处有一个形态向下放量突破，就是一个比较好的做空信号，然后到底部 A 有一个剪刀手出来，那我们就可以迅速平仓，反手做多。

总结：前面看似震荡的一天，后面出现两波下降通道和一波反转上升通道，如果做得好，可以多空都吃，我们能够用短线不断地寻找确定的机会，实现快速盈利。但是，盈利的前提一是我们能读懂行情，知道交易方法；二是我们要管住手，不要在横盘看不懂的时候着急入场，一定要等出了趋势或通道时再入场，机会总是有的；三是在合适的时候配合使用正确的方法，比如剪刀手技巧，能让我们提高胜率和盈亏比。

三、剪刀手技巧应用案例

剪刀手技巧应用还是挺多的，来看一个橡胶期货 2305 的案例（图7-4）。

图中，我们看到橡胶在 1、2、3 这几段持续增仓，但是价格却在下行，在 A 处这里放巨量，它的点并不是很标准，不是在最低点，但是有这个信号之后，再有剪刀手技巧配合，反转形态就很明显了。所以这个剪刀手出来后，我们心中最标准的形态就是在 A 点形成一个交叉，可能交叉位置略有偏移，操作的时候可稍微等一下反转方向，确定了更保险。学完这章内容后，大家就知道这是剪刀手的一种变化，一定要知道加速放巨量后，会有一个减仓向上的动能，就符合剪刀手的形态，后面 4 处可以反手做多。当然，这一波做多的盈亏比可能是 1∶2 之间，最起码有确定性增值空间，确保不亏损。

图 7-4　橡胶 2305，20230210 分时图

继续讲增仓滞涨这个过程，看螺纹钢期货 2305 的案例（图 7-5）。

上图的螺纹钢从 10 时开始，是一个很明显的增仓滞涨过程，但增仓到 B 前后一段，价格没有再往上涨，而是出现了震荡；后面又有持续增仓，并且在 A 处放巨量，此时价格冲到 M 顶的时候，逐渐回落，从高点降到 2 处，持仓才向下减少。这跟剪刀手是有很大区别的，它是一个持续增仓，但价格在 11 时后没有再创新高，而是出现震荡，或者创完新高之后到 M 顶又迅速下来了，这就是一个确定的增仓滞涨、减仓滞跌的操作机会，从 10 时起就开始入场。离场的时间，在 A 处顶端放出巨量，结合之前讲的形态，这里既是一个小 M 顶，也是一个变异的 V 形反转，给出的信号就是要变方向了，之后直接破位开始新一波的下跌。我们看它在 B 这一段震荡了差不多 1 个小时，结合形态、

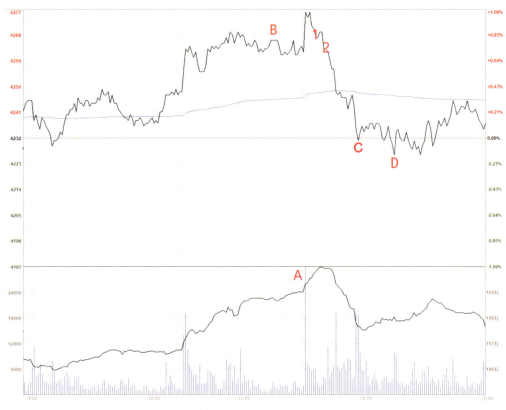

图 7-5　螺纹钢 2305，20230222 日线分时图

成交量技巧，增仓滞涨之后见顶，就可以选择在小 M 顶端做空。当然，如果你没有底气，需要等一下信号出来，比如你可以确认方向后，在 1 处或 2 处入场做空，止损位相应往上调一档，这时就很安全了。这个止损位大概有 10 个点，那跌下来到 C 处约有 40 个点，盈亏比基本上为 1 ∶ 4，确定性很高。

　　以前我们看到这个持仓的变化，好像觉得没有机会；以后我们一看这种剪刀手的情况（增仓滞涨和滞跌），就知道是我们一次好的交易机会来了，这个技巧是能够一直重复用的。图 7-5 中，在 10 时前面这么长的一段里（含夜盘），它是一个箱体支原体，虽然价格有起伏，但机会不多，那我们不用管，不用去操作，只等机会。结合我们前面章节的内容，用三个技巧去检验，加上本章讲的剪刀手技巧，一起配合来使用。前面的就是基础，让我们看懂形态，了解成交量和持仓量，学会选择入场点和离场点，管理好资金，打牢基础，交易的大厦就不容易倾倒。

我总是告诉读者和学员，一开始3～6个月，不要着急去操作，尤其别着急去上实盘，要先熟悉理解，从最基础的学起，慢慢就能掌握规律和技巧——工欲善其事，必先利其器。前面的各项技巧熟练以后，再用本章的剪刀手技巧去操作，不能说总是稳定盈利，那十次有七八次做到盈利，也是很了不起的。所有的方法都会有失败的可能，那我们也有判断不准和失败的时候，科学地设好止损，然后看到胜率高、盈亏比很大的机会，我们就要果断出手，想持续亏钱也是挺难的。

总结：技巧和方法，只要用对了地方和时机，就会出奇效，前提是你知道用在哪里，怎么用，这是上述各种技巧的一个汇总。

再来看螺纹钢期货2305减仓滞涨的案例（图7-6）。

图中1、2、3连线，4、5、6连线，构成一个剪刀手，但是3前面持仓方向不明显。到3处突破放出巨量，才有了持续增仓，但这增仓的时间比较短，可能只有几分钟，到A处价格探底，不再创新低，然后开始一波上涨。这时结合形态，比如W底，还有B后面出现减仓，来判断它是一个减仓上涨的趋势，所以，就从4处买入做多，止损设在底部A处，一直持有，直到在6处加速放出巨量，

图 7-6　螺纹钢 2305，20230207 日线分时图

这时要立马平仓离场。这个盈亏比约为 1 ：5，如果是底部 A 买入则盈亏比能达到 1 ：6，都是相当好的。所以一定要坚信，做日内短线要有技巧，找到有行情、能稳定盈利的地方，果断进去。

四、剪刀手失败的案例

当然，实盘交易中，也会有很多失败的情况，那肯定是有几个不符合的条件在那里，一是信心不足，二是没有配合好。我们来看看豆油 2305 的案例（图 7-7）。

图中，我们看持仓线 1、2、3、4、5，是一个持续增仓的过程，价格也在同步上涨；但是，价格到 C 处来到最高点，下边还在增仓，价

图 7-7　豆油 2305，20230221 日线分时图

格却开始跳水。在 C 处是一个大 V 形（头肩顶），有头有肩，方向也比较明确。我算了一下，如果从右肩 D 处入场做空，到 B 处又涨上来了，这个情况还比较复杂，遇上夜盘要结束，后面就没有信心做空。我们收了当作复盘的一个资料，并不一定要在实盘中去做，复杂的情况最好不做。我们一定要做简单的、能看懂的，配合几个因素有明明白白的方向，才去做，胜率和盈亏比的平衡好把握。

很多行情，一开始你没看懂，各种条件也不满足，这时候就不要去做。一定要想明白，我们做日内交易，最好是做简单明白的行情，确定性高；那些看不明白的，有人问我怎么做，我说自己也看不懂，看不懂就不要费脑力，避免主观性操作失误，这也是很多职业交易员的教训。一个品种的行情，我们一定要看明白整个变化的过程，找到确定性的机会，才能进去操作，请看苹果2305的案例（图7-8）。

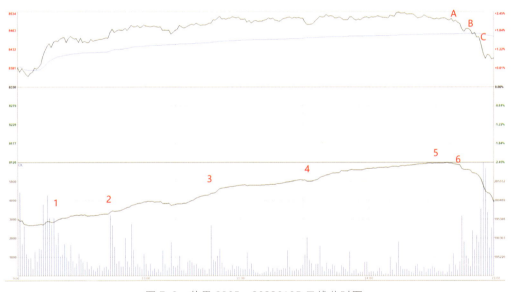

图7-8　苹果2305，20230105日线分时图

这个图是全天的行情，上面的价格曲线一直比较平，只有两头有变化，我们看到下面是一个持续增仓的过程，很缓慢，但是有持续的变化。它全天几乎都在增仓，价格和持仓只有到最后20分钟开始出现变化，持仓在减少，价格也跳水，这时通过形态的配合来判断方向，是一个减仓滞跌。此时要入场做空，就要找价格波动小，成交量小，即在A处买入，止损就设在8532元的顶部高点；配合上，后面成交量加速放巨量，持仓量却在减少，属于减仓滞跌的剪刀手技巧，这样入

场就比较放心了。估算一下有 30 个点的止损，它最后在收盘处平仓离场，利润有 100 个点，盈亏比超过 1 ∶ 3，还是很划算的。这个变化就是简单又明朗的，虽然最后只有 15 ~ 20 分钟的操作时间，就是技巧出奇效，短时赚大钱。前面震荡了这么久可以不管，可以理解为看不懂，或者没有操作的必要。

　　这一天是持续增仓的状态，有的人就认为过夜涨得会很好，不要卖了，继续过夜。我觉得做过夜交易没有问题，但要看趋势，而不是不管不顾，用赌的态度，其实就是主观行为。用了我们的技巧和方法就知道，最后 15 分钟变成迅速下跌，马上有做空的时间，而绝对不能说，上涨当中只能做涨，下跌只能做空。一定要知道，只要盈亏比大的一定是做逆趋势的，其他行情则没有那么高的盈亏比，赚到合适的利润，踩准点就跑。

　　总结：如果没有确定性，太复杂，坚决缩手不做；而最后哪怕只有几分钟或十几分钟，有趋势并配合技巧，那就大胆做，这就是日内交易的特点。

　　剪刀手的技巧，前面讲了增仓滞涨，图 7-8 是苹果先增仓，后减仓滞跌的技巧。把这些技巧结合着去做，才是我们整个日内交易学习的重点，要提高确定性，真正实现稳定的盈利，千万不要看到一个形态，就照单一的技巧去做，往往会陷入"刻舟求剑"的死局。当然，复盘的时候分拆形态和技巧去理解，没有问题，因为它已经固定在那，前因后果都发生了，找入场点和离场点都一目了然，然后去找同样的形态去验证。理论和实践还有一个转化过程，我们做期货一定是活的，一定要在盘面变化的时候把握入场的机会。这些变化，技术上有价格形态的变化，成交量的变化，还有持仓量的增减，当然还有基本面的一些变化，将几个变化结合形态想明白方向，那我们胜率就会提高，损失就会减少，盈亏比就会变大。相应地，操作次数压根不需要多，赚钱多少跟次数没有关系，只抓你看得懂并且赚钱机会大的，留下的都是精华，频繁交易不仅累人而且赚钱少，错误的折腾更是把你赚到的钱都给亏进去。

大多数的日内波段交易，前面半小时会走出一个多空较量，不能轻易进入，等方向明确、形态走完整时再看，这时候再配合成交量、持仓量等，再决定是否入场。一定要记住，千万不要认为学完前面章节这些技巧，各种方法了然于心，就可以天下无敌了。我们收了盘，在盘面上复盘是可以天下无敌的，但在实盘中我们能做到的一定是等它出现变化，有了各种各样的形态配合再去做。这就像写一支曲子一样，比如将苏东坡著名的词《水调歌头（明月几时有）》谱写曲子，你得知道这个词牌的音律节奏，还有作者当时写这首词的心情，加上各种技巧，然后创作，才能谱出一支好听的曲子。

我们做交易，绝对不只是为了赚钱和养家糊口，这只是目的之一，更多的时候我们是在修炼技术，实现自己的人生价值，获得成就感，或者为这个行业做出贡献，所以成就职业人生和修身养性才是最终目的。如果能够实现财富自由，还在继续坚持做交易，并广收弟子，到处传授知识与经验，惠及广大投资者和交易者，这也是一种高尚的修行。

总结：度己、度人、度心。交易虽难，认知更难；学会方法，了然于心；掌握到手，灵活运用。希望大家能够在实践中稳定盈利。

看大做小综合实战指导

在期货交易领域，技巧选择对于投资者的成功至关重要。其中，"看大做小"是备受推崇的交易理念，即注重在大周期中识别趋势，在小周期中寻找交易机会。"看大做小"可以帮助交易者在小波动中控制损失，大周期中收获利润。就像在大海中航行，海域和航向是关注整体走势，掌舵、调速、探测周边风险与停泊，安全快捷行驶并避开风浪，顺利抵达目的地则是具体操作。具体操作上，可以看基本面和月线来操作周线，通过观察周线来操作日内，通过日线分时图来操作各个时段，寻找入场机会，决定进出与止损，做好资金的风控，以实现稳定盈利。"看大做小"在期货交易中意义深远，不仅是技巧，更是智慧，从胜率和盈亏比关系来说也是非常划算。因此，在实战交易中，看大做小是稳健盈利的关键。

一、碳酸锂多段日线实战

期货品种总共就几十个，能操作的不多，尤其有行情的品种不多，综合前面几章讲的方法、技巧，这章直接讲干货实战案例，如何选择合适的期货品种，根据日内波段形态，配合成交量、持仓量和多种技巧策略，用我自己操作的经验来给大家做演示。

先来讲讲碳酸锂的行情，这里有一个知名人物，湖南的周伟（网名"简单的幸福"）做空碳酸锂，在一波下跌行情中狂赚了上亿元，同期做空碳酸锂的都赚得盆满钵满（图 8-1）。其实，碳酸锂在没有趋势时候是比较难做的，因为我们主要关注的是日内波段分时交易，而不是长线交易，所以操作手法不太一样。日内分时波段交易，最重要的是先解读，看懂盘面和趋势。来看碳酸锂具体操作的例子（图 8-2）。

这个形态是一个横盘向下的走势，我们基本上就可以做到在 A 处入场做空，此时处于横盘突破末端，价格波动小，成交量也小，二者叠加后，就知道要用"看大做小"的技巧操作，这样大大提高了胜率。

图 8-1　碳酸锂大周期是跌势

图 8-2　碳酸锂 2501，20231121 日线分时图

我们反复说，要把握大的机会做重仓，要在趋势明显的时候，出现大周期向下，日线图又有二者叠加的信号，这时就要把握好机会与入场点，同时往前面的高点 B 设置一个止损位，就可放心地持仓。在 A 处后面这一小段横盘是比较难做的，很容易被止损掉；当然还有一个 C 处也是一个好的入场点，在 D 成交量加速放巨量时主动离场，到 E 处是被动离场，后面就进入横盘。碳酸锂是一个新品种，没什么规律可循，很多人不太关注，包括我自己，所以会错失一波大行情。

再看另一段碳酸锂（图 8-3）。

图 8-3　碳酸锂 2501，20230908 日线分时图

它可以综合运用我们前面讲的技巧来分析。这个分时图我们复盘时看到是一个好的做空和反转机会，但实盘我们是不知道的，那就看

形态、成交量、剪刀手来判断。开盘后从 B 到 A 经历一个横盘，在 A 处放量突破向下，这时入场做空。在 A 处 181700 元入场，止损就放在 B 或开盘点，差不多 1000 元止损空间。设置好之后就可以持仓了，持到什么时候？如果持到 C 主动离场，时间短，收效快，无疑是最佳离场点。这时此处有加速巨量的信号，后面要么是 V 形反转，要么是继续下跌；我们看它是一个增量滞跌的剪刀手，C 点重合了，此时果断离场，盈亏比很大。如果错过，也可以持仓到后面一个较低点 D 离场，大部分要平掉，或留一个很轻的持仓量。这两处离场点的选择，跟我们大周期里面操作完全是不同的技巧，在日线中操作跟自己的格局有关，不要在 A 到 C 中间一看到放量就走，还要看它持续的趋势。

　　整体来说，这说明有些交易者对成交量没有理解透，尤其是对剪刀手技巧没有完全把握。C 处是价格最低，成交量加速放巨量到最高，这时趋势才是可能结束的，盈亏比的目标也实现了，守住了自己的利润（一手差不多有 6000 元），果断离场。我们发现，每一天其实机会不多，要抓住其中几个关键的入场点和离场点，几个条件全要满足才可以，设好止损点和止盈点，达到预期利润装进口袋，睡觉最安稳。

　　总结：结合大周期，每日的趋势明确之后，我们再根据条件找准确入场点和止损点，这是看大做小趋势交易技巧的要点。

　　我们看另一段碳酸锂（图 8-4）。

　　开盘之后经历短暂上冲，成交量很明显地缩小，价格波动也缩小，在 A 处有一个往下的破位，之后基本上进入横盘，就等在 B 处时形成突破，此时成交量小，价格波动小，适合入场做空，止损点设在 A 处。

图 8-4　碳酸锂 2501，20230919 日线分时图

这个走势，会在一个三角形收敛之后，到 C 处放巨量，有类似剪刀手特征，可能会形成向上的突破，有些人会担心方向错了，在 C 处就离场了（典型的短线思维），刚进几分钟离场，就很难留住利润。当然，能够善于总结我们前面所讲的各种技巧，最好是能在 D 入场，到收盘前的 E 离场，盈亏比最大。

再看一段碳酸锂行情（图 8-5）。

我们发现大周期是下跌，但这一天的日线行情在逆势上涨，没有明显做空的机会，最多是不做。如果你结合价格形态与持仓量，它是一个持续增量的状态，在 A 处实现了突破，价格走势一直在均线以上，那么当日可以做多。最佳入场点在横盘末端的 B 处入场，此时多头加速放量，确定好方向，符合增仓滞涨；设置好止损点，在 C 处放巨量的最高点离场（此时剪刀手是减仓滞涨，有持续成交量，价格比持仓

图 8-5　碳酸锂 2501，20231012 日线分时图

量慢了半拍），这样可以吃到当天最有利的一波上涨行情。

　　另一段碳酸锂行情（图 8-6）。

　　我们看到前面半天基本上是一个横盘，价格波动小，成交量也不大，那基本上不要动。如果要选择做空，就要看在 A 处突破后入手，空头占优，方向也有选择（当然在 A 处入手，此时成交量最低，但对方向没太大把握，可以等一等）。所以，等突破后在 B 处入场，此时成交量缩小，价格波动小，就可以入场。后面果然来了加速放量的行情，价格急速下跌，那选择在 C 和 D 处主动离场都是最佳的（D 处符合剪刀手增仓滞跌），几乎是吃到了当天的全部利润，而收盘点可以不管，

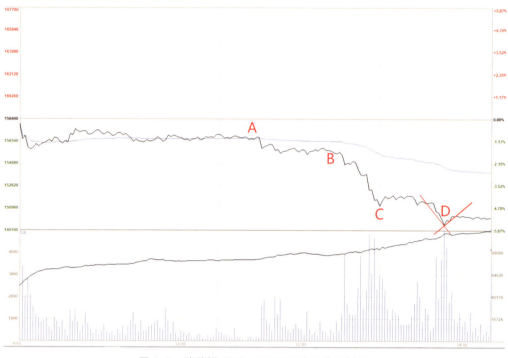

图 8-6　碳酸锂 2501，20230926 日线分时图

后面其他就是横盘状态。

二、300 股指、50 股指、500 股指实战

做日内波段交易，一定要选准品种，比如说股指期货是个不错的选择，来看沪深 300 股指、上证 50 股指和中证 500 股指三个品种（图 8-7、图 8-8、图 8-9），它们大周期、大趋势都是一样的。

图 8-7 是一个下跌趋势，A 处之前一直是横盘状态，等待选择方向突破。它在 B 处加速放巨量，就是选择了下跌方向，可以选择 B 后面反弹后入场，至于前面 1 处，成交量小，这里选择入场不保险，因

图 8-7　沪深 300 股指 2402，20240202 日线分时图

为走势的方向不明确。如果在 B 处及后边一点入场，选择 2 处离场，这个力度是一个相当大的反转，符合剪刀手增仓滞跌技巧，果断离场，然后反手做多，一直可以持有到高点 3 处或收盘时离场。

目前整个股市的风险还是较大的，无论 300 股指、50 股指、1000 股指，股指整体上处于向下的走势，所以大家一定要选择优质公司的股票或股指。图 8-8 中 50 股指，我们看到股指整体是下跌的趋势，跟前面 300 股指几乎是相同的形态，只是细节上略有差异，比如价格高低点、成交量等，我们只要选择 A 处三角形收敛之后的一个突破入场做空。三角形收敛之后的末端成交量小，价格波动小，这时候选择 1 处入场做空，止损点就放在稍远的 A 处。进入之后，既然是下跌大趋势，选择持有就可以了，不要着急离场，一定要见到加速放巨量离场，

图 8-8　上证 50 股指 2402，20240202 日线分时图

　　比如 2 处，那基本上就把当天的利润赚到了，随后还可以反手做多一小波到 3 处离场，这种剪刀手形态见效更快。

　　我们还需要多练自己的盘感，多总结一些经典案例，包括图 8-9 中证 500 股指，跟前面 300 股指、50 股指，都是同一天，其实趋势是一样的。开盘后，从价格走势、成交量、持仓量，都可以判断趋势在向下走，然后等着在盘中找机会。这个入场的机会，就是横盘 A 处突破后，在成交量缩小，价格波动小的 1 处入场，并选择在 A 处止损。这个行情，B 处与 2 处都有加速放巨量，选择哪个点离场比较好？ B 处的动能没有释放完，离场只能做一小波，所以不要着急；2 处价格最

图 8-9　中证 500 股指 2402，20240202 日线分时图

低点，成交量加速到最高点，两者重叠，符合剪刀手增仓滞跌技巧，离场最佳。利润差不多有 300 个点，盈亏比还是非常高的，后面还有反手做多的机会，到 3 处离场。这波交易很流畅，就要抓住这样大的行情，做起来才有成就感。

三、纯碱多段日线实战

前面讲了碳酸锂期货的大空头行情，再来看纯碱期货空头行情，同样也是风光无限，成就了一批交易者（图 8-10）。下跌趋势操作原理是一样的，大道至简，看准机会，减少交易次数，让利润奔跑。

纯碱行情从 3069 元的高点之后，进入下降通道。尤其是 2023 年

图 8-10　纯碱 2023 年 2—5 月的空头趋势

4 月的 A 处之后，出现了一波持续的大跌，直到 5 月最低点 B 处的 1342 元。我常说教学相长，就是理论联系实际，互相促进。这是一波凌厉的空头月线，这波好行情如果是重仓持有了，时间又长，盈利效应是很明显的。

有学员问，做日线要不要留底仓，这就要看是震荡行情还是单边行情，还要看你是做日线、周线和月线，每种周期的操作方法是不一样的。比如持续单边下跌的纯碱案例（图 8-11）。

在图中 A 和 1 两处突破，都是选择方向，这时就在突破后入场，选择成交量小、价格波动小的位置进入，总归也能抓到一波横盘突破

图 8-11　纯碱 2409，20230509 日线分时图

之后的一波行情，这个最好选择在 B 处和 2 处入场，将止损分别放前面的高点，这样就可以持续持有当天收盘前的 C、D、E 处。全书的技巧都是基于日线操作技巧的，看不同的趋势，入场后，每天设好固定止损和动态止损，盯着日内去做，抓住当天的一二波行情就可以了；如果是做周线和月线这种，则看行情大周期的方向，每天有来回地涨跌，大方向没错，并把止损调大，一天内的小幅波动可以不管，继续持有，等周线、月线的突破。

　　有学员问，如果我们只是注重每天做日线，是不是抓不住太大的行情（即大周期的行情）？这个不太好回答，大行情还要关注基本面和财务面，而不仅仅只看技术，相应的操作技巧按照趋势交易法来说，大周期是单边趋势，要减少操作，长期持有，同时也要扛得住日内的大亏，总体的趋势抓到就是大赚。本书的核心还是讲日内交易，与大周期操作技法上有所不同，无论涨跌如果看准都能赚到，几乎每天都可以做到盈利。

下面来看纯碱均线突破的操作技巧（图 8-12）。

图 8-12　纯碱 2309，20230424 日线分时图

大家看分时图，均线就是 2231 点下方的蓝线，如果跌破均线，特别是有成交放巨量形成突破，形成明确的下跌方向，这时就要选择反弹高点勇敢做空。图中 A 处跌破均线，且有很大的成交量，这是选择方向，可以在这高点设止损做空；B 处是反弹高点，是入场做空的最佳机会。入场之后，有一波流畅的下跌，离场点有 C、D、E 和收盘点，选择因人而异。C 处是有放巨量，但下跌动能没有释放完，小 W 底也

是右肩低，有些学员做到这儿就离场了，没有让它多跑一会，只要符合自己的预期，是可以的。同时还可以持有到 E 离场，它符合剪刀手增仓滞跌技巧，两点汇合，是最佳的离场点位，利润最大化。后面有 V 形反转的可能，也有横盘的可能，不好把握方向，心里没有底气，那就趁早离场。

做日线的，如果能多关注基本面，多做一些思考，大趋势明确的，就要对基本面坚定信心，重仓多持有一段时间，就能够逮住一波大机会；当然，机会大风险也大，有时候也会有二三日的反转行情，自己要根据判断扛得住，最后的回报会加倍奉还的。如果不关注基本面，纯粹做技术面，如果觉得后面还有利好空间，日内就要留有一定的仓位，比如 15% ~ 30% 的仓位。上图 8-12 中，每天就可留 20% 左右的仓位，当天平掉 80%，下次再有机会还留 20% 的仓位，这样每一次下跌时，我们都能抓住一段行情。

行情并不是每天都能把握很准的，即便是在下跌大趋势中，中间还是有不少反弹机会的，可能持续上涨两三天，这就是留住底仓的重要性。

来看纯碱反弹行情（图 8-13）。

当天是一个多头上涨趋势，我们只要找到横盘突破，确立方向后再做。图中 A 处价格突破了均线，选择上涨，然后在 B 处有一个入场点，加上之前留有 20% 的仓位，这一波行情都能够做得很好，就可在 C、D、E 和收盘处选择离场，这几个点都伴随着加速的成交量。另外，还会碰到一开盘就是半天横盘的行情，但中午急涨迅速拉升，由于急涨没抓住，再入场就不是好时候，后面还有一大段行情，这时候就可发

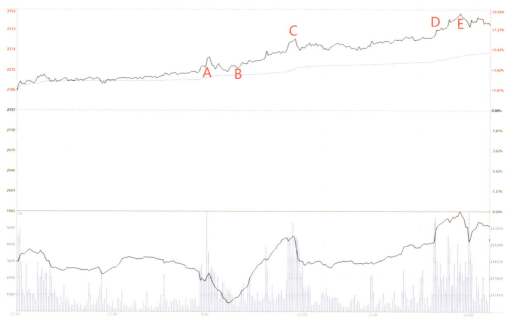

图 8-13　纯碱 2409，20230817 日线分时图

挥原来留有底仓的优势。

对于不同的行情，我们一定要思考，综合不同的情形进行操作，辩证使用技巧，而不是机械式地套用。很多学员学习 3 ~ 6 个月后，大多数赚到钱了，但没有一个跟我说一年赚上百倍，每年赚个五六倍、七八倍是有的，持续几年更有复利增长的累加效应。老实说，做日内交易，包括我自己，想一年赚一百倍也做不到，因为底仓没有留住，特别像这种流畅的急涨、急跌行情，就只能干瞪眼。坦白来说，我们不能急躁和嫉妒，用日内交易的认知，通过提高技术赚到利润，也是完美的。

总结：当下快乐，每天快乐，胜过憋一个月的快乐，长线需要扛大回撤，一般人无论资金和承受力都扛不住，放眼全国能够一战封神

的人也就个位数，这也就是我没选择做太长线的原因。日内交易既不是中长线，也不是短线和超短线，关键是学好了技术还能赚钱，压力还不是太大，风险可控，适合大多数交易者和所有新手。

四、沪锡、氧化铝、螺纹钢、纸浆实战

日内交易，每天只要抓一两段行情，但我们不能只满足抓小行情，有大趋势时，就要会做顺势，配合基本面来做。比如前面说的碳酸锂和纯碱，2024年上半年的集运指数（欧线2406）、锰硅2405、橡胶等，如果留有底仓，每天其实都有很多机会。

有趋势的行情怎么把握，也要有"看大做小"的技巧。其实每天能做的机会有很多，但是有些可以错过，比如沪铅期货2403（20240202），当天震荡很小，成交量很小，价格一会上一会下，看不出趋势，这类行情就不用管。我们就应该抓一些流畅的行情，像图8-14中沪锡出现了行情，图中在A处出现下跌，突破了均线，方向明确了，价格形态与成交量都有配合，我们能够读懂，就要抓机会入场，中间有隔夜收盘的C处，有一波加速放量也没有改变趋势，这需要跑到次日收盘之前的B处。

再看氧化铝期货案例（图8-15），这个品种前面的夜盘是一个很明显的横盘，收盘最后几分钟明显选择向下，第二天9时开盘在A处形成快速突破，迅速下跌。这时入场机会就不太好选了，最多在B点选择入场，但交易时间会短，后面成交量萎缩，C处突破加速一波放量，又进入横盘。大方向是向下的，这时建议继续持有，选择到D处放巨

图 8-14　沪锡 2403，20240202 日线分时图

图 8-15　氧化铝 2403，202402002 日线分时图

量时离场，已经赚到当天的大部分利润，后面可以不参与了，或者留一个轻仓。

看螺纹钢期货（图 8-16），行情的前面一半是横盘，A 处成交量缩小，价格波动小，此时已经在均线以下，然后加速放量往下破位，B 处是一个最佳的入场点。当然，A 处其实已经可以入场，由于方向还不太明确，心里有点没底，只有到 B 处放出巨量，确认了下跌方向，就知道自己能做什么，然后在 C 处或 D 处离场，都是没有问题的。大家一定要知道自己的能力范围在哪，千万不要去听某些人认为的基本面或者几个难懂的数据，就冲进去要入场，这是无头苍蝇，很没有必要。

图 8-16　螺纹钢 2405，202402002 日线分时图

　　纸浆期货（图 8-17），在经过两个箱体震荡之后，进入 B 处，这是一个很明显的下跌机会，成交量小，价格波动小，离均线有较大的距离，基本上是选择了下跌的方向。我们一看就知道自己能做的是什么，比如就在 B 处入场做空，止损放在均线位，然后持有等行情。果断到 A 处加速放巨量，价格迅速下跌，快速到最底端 C 处离场，效率高，盈亏比大，后边都不用管了。

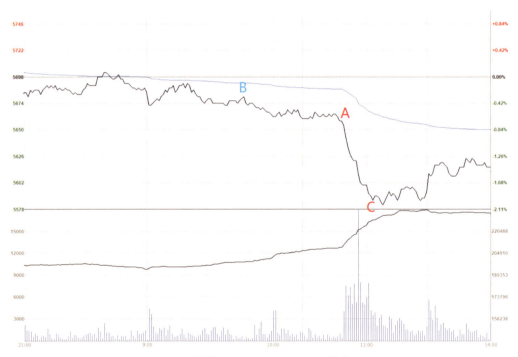

图 8-17　纸浆 2405，202402002 日线分时图

　　总结：什么时候都要认清自己的目标以及做事的逻辑，知其然还要知其所以然。克劳塞威茨说过，战争其实在战前的运筹帷幄中就确定了方向，后面只是按纪律执行。如果听信人云亦云，或者迷信权威，

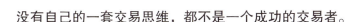

没有自己的一套交易思维，都不是一个成功的交易者。

五、原油、生猪、集运欧线实战

原油期货（图 8-18），前半段也是没有明显的行情，基本是在一个箱体内震荡，方向不明。经历了一个成交量很小、价格波动的时段，它在 A 处突破放出巨量，价格垂直下跌，直到夜盘收盘，时间也就一个小时。这个横盘突破太快了，大家来不及思考和进入，也没有机会入场，就不要勉强去做；后面进入横盘，也没什么机会。我们一定要结合大周期，无论向上还是向下，日线都是可以去抓机会的。目前，纯碱期货我是建议大家别去做了，它现在的手续费较高，成交量又大，

图 8-18　原油 2403，20240202 日线分时图

散户即便能赚一些利润，也留不下多少，所以尽量不要去做。目前烧碱也看不出太大的机会。

生猪期货（图8-19），基本面大家都知道，这两年猪肉整个产能过剩，消费又不足，所以大趋势是下跌震荡行情。那是不是可以做空生猪呢？也不是，目前生猪没有多好的机会，成交量又低，价格波动小，多空都很难做，建议大家只看看，不要去折腾。

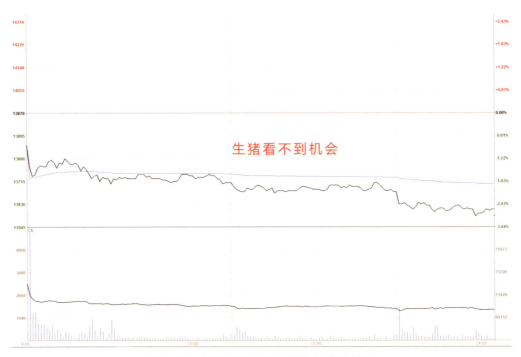

图8-19　生猪2403，20240202日线分时图

前文提到了集运欧线（图8-20），2024年主要看基本面，巴以冲突一直未结束，欧洲事端多发，红海和苏伊士运河航线受阻，整体推着集运指数价格上涨。欧线在2023年11月以来，有一波最流畅的上涨，然后在2024年1—3月期有震荡，跌了一波，从3月以来一直持续走高。

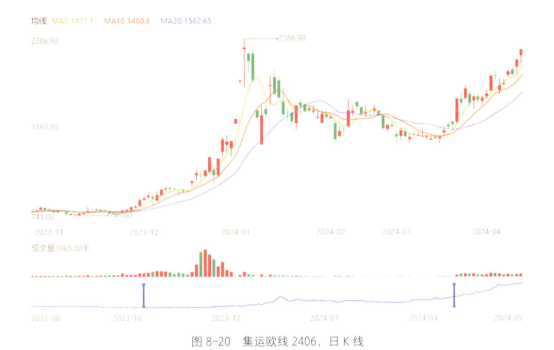

图 8-20　集运欧线 2406，日 K 线

在 1—3 月间，欧线有涨有跌，基本上处于横盘，4 月以来突破向上，机会还是比较明显的，但每天行情有变化，如果每天都做多，会发现我们赚不了这么多，因为有时候会有几天下跌，就要承担损失。这类行情做日线的技巧，是要留着底仓，横盘往上的时候我们就跟进去做多，因为有多头发散的力量，那就跟着做。如果空头散发，排列做空，那也要有几天顺势而为。不要听别人说在五日线或是十日线上方就去做多，等你来做多的时候机会就跑了，因为你的消息是滞后的。我觉得还是需要一个前提，一定要有发散力量，形成一个多头排列，才可以做多；如果是空头排列，我们就要等一等，其次才是结合五日均线或者十日均线，站稳再操作，会更稳当。盘面形态比任何消息都准确，不要沦为他人的"韭菜"。

总结：做日内是所有技术的基础，只有日内做好了之后，才能把握住大的机会，不管是长线还是中线，其入场点总归是在日内，所以要把基础的日内学好，结合各类周期，找准机会进去做，自己学会了读懂盘面，掌握了上面总结的几类技巧，才是最好用的。

六、白糖多段日线实战

白糖在 2023 年上半年也是做得不错的，有一波大涨。在多头排列之后，我在 2023 年 2 月开始进去的（图 8-21），图中在 A 处、B 处都

图 8-21　白糖 2405，日 K 线

是多头排列，可以进去，然后留着底仓，日内只要是多头排列之后就做多，空头排列的时候做空或不参与。

我们看到图 8-22 这个日线，所有的入场点，像 A、B、C 三个点，都可进入，这些点都是符合我们入场要求的，这种有行情的，就一直持有。入场之后，当天符合预期的高点就可出来，前提还是要留一点底仓。第二天无论是多还是空，我们根据行情继续入场。比如说上图中 C 处的空头排列，这一天开始就找机会做空。

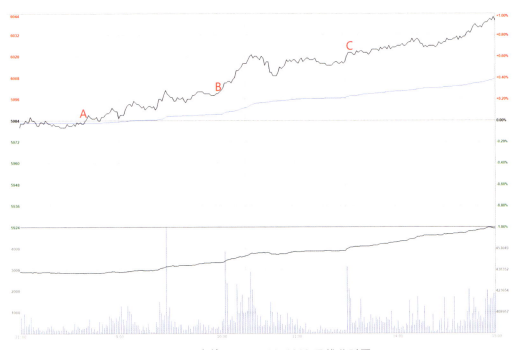

图 8-22　白糖 2405，20230303 日线分时图

图 8-23 中，我们看白糖在前一天夜盘横盘之后，第二天日线开盘就往下，在 A 处放巨量一是确定方向，二是确定入场，可以持有一大段。后半段形态还是比较复杂的，可以在 B、C 处离场，B 处符

图 8-23　白糖 2405，20231201 日线分时图

合剪刀手技巧，主动离场；C 处后面的行情有可能要变天，可留一点底仓，看方向而定。

　　看另一天的白糖（图 8-24），前面夜盘这段成交量小，属于箱体震荡后的下行趋势，价格方向到收盘时突破箱体下沿，我们看 1 处跌破均线，成交量小，暂时看空。之后在 2 处加速放量下行，到 A 处又放出巨量，早在 2 处就可以入场做空。入场之后，A 处又得到验证，下跌速度很快，此时要注意反弹。到了 3 处，这里是增仓滞跌汇合点，根据剪刀技巧，其实 3 处就可以主动离场。后面 B、C、D 处都是被动离场，成交量逐渐缩小，进入横盘，其实没必要贪恋了。

　　有趋势可以继续留着，没有趋势离场，这句话理论上好说，执行的时候挺难的。有时候趋势很难判断，一会上一会下，入场你要做多

图 8-24 白糖 2405，20231207 日线分时图

还是做空，将面临一个选择。其实，一天中既有做多，也有做空的机会，有时候时间特别短，看白糖这一天的行情（图 8-25）。全天价格波动大，成交量和持仓量都是有的，几乎没横盘，是有行情的一天，可以说是箱体向上的一种突破。左边有一个 C 顶，这是不是当天的最高点呢？当然复盘时看到不是，后面还有高点，这纯粹是盘后解读，这天多空不好判断，入场点不是特别好选择。通过均线判断，价格基本是在均线以上，主要趋势可以判断做多。搞清楚了多空趋势，然后在里面选择机会去操作。比如在图中 A 到 B 可以做空，时间很短；B 到 C 可以做多，C 到 D 又可做空，D 到 E 又可通过剪刀手减仓滞涨做多。这种台阶式箱体震荡向上，要看好上下沿，或者选准一个方向，止损要大，

图 8-25　白糖 2405，20231208 日线分时图

离场结合成交量，以自己期望的高点或低点平掉，也可以留点轻仓到下一天。

　　我们说日内交易的机会并不是特别多，一天可能只有两三次，有时候一个星期可能只有几次。但期货品种几十种，个人能看得过来的，能做的十来种，每个品种一天的机会你要轮番看（最好多屏），所以做日内交易，基本上是做不停，很忙碌。品种多，选择的机会多，那么做日内就要找有确定性的大机会，小的、看不懂的、震荡的，基本上可以先放弃，按照本书所讲的各种技巧，看大做小，抓大放小，把握好盈亏比，提高交易的效率和收益率，才是我们期货人的重点。

　　学习本书，大家要清楚，不要在小机会当中迷失自己，看得多了，做得多了，什么都想捞，往往什么都捞不着，得不偿失。所以我们要等真正的大机会，抓住几波大行情，这是要长期学习和练习的，大家尽量只做中、大一些的机会，减少一些操作，多看少做。好处是减少频繁进出和手续费，不用轮番时刻盯盘，少做意味着少亏，而且人也不用这么紧张和劳累；弊端是会错失一些机会，想买没有好的入场点，只能望洋兴叹。

总结：日内交易每天都有机会，时时都在，人不可能把所有的好处都吃尽，必要时还要给别人留些利润。所以，公平自在人心，在自己认知范围内赚到利润，获得财富自由，你失误的地方就让给别人，这样心安理得。不争为争，是为争，老子给我们期货人提出了要求和追求，祝大家做日内交易成功。

微信扫码，进入期货交易实战技巧专栏，添加客服有福利

后记：交易求简，并踩准节奏

　　我碰到很多人，说上午有一个小目标完成了，下午就不做了，因为觉得自己再做的话，就会很容易把上午的利润亏掉。这其实就是小富即安的思想，这些人难道明天就不做了吗？凭什么认为明天一定会赚？我觉得，倘若要不停地进步，唯一要做的就是找到符合自己的方法，找到有机会的行情，就做；而不是单纯地说不做，容易错失好的行情。

　　我们可以控制自己下单的冲动，调整好自己的心态，在做得顺的时候，用尽全力在市场上让利润奔跑，不顺的时候，则尽快出来，不要在市场上摸爬和挣扎。以个人经验，应把赚钱的良好状态持续下去，比如我今天赚了很多，说明我的状态极好，行情也非常符合我们的方法，就应该一直做到不顺的时候，或者有一点亏的时候再出来，多休息；不顺的时候说明我们的状态不好，或是行情不适合，选择休息是最佳的，等跳过这个状态重回市场。任何一种方法只有结合自身才有大进步，因为我们始终把交易当作是一种修行。

　　做期货，方法是多样的。我做了十几年的期货，从一开始为认识到"为学日益"的阶段，走到之后的"为道日损"，其实追求只有一个，即在高胜率的情况下出金。如果感觉到单子进去只是因为自己冲动而没有取得较高的成功率，那我就要及时反思改正。我每天的修行就是减少自己的操作冲动，只做符合自己预期或者符合交易规则的事情。在这里做到一个求简。我觉得只有简单有效的，才接近核心。不管是要生存还是要发展，我们事情太复杂，我估计也只能用计算机或 AI 帮我们实现。人基本上就只能掌握几种方法和技巧，我们要把每一波行情都做极致，能有大盈利，这是不太现实的，这需要多种策略在计算机里面组合使用。所以，我做日内交易就是追求简单，简单到自己不用思考，单是看看就觉得可以入场了，然后我再动手，如果没机会我就耐心等待。从人工操作的角度讲，也只有这样做才能真正获利。

我做日内交易就是求简，用最简单的技术，就用分时图，注重图上的指标有形态、成交量、持仓量、价格均线、多空力量对比，它们实时反映在盘面上，来决定自己操作的依据。

第一，成交量。不管在短线、中线还是长线，成交量都是比较有用的，但是量只有在变化的时候才可能对成交的形态和方向发生改变。一般就是把成交量最大的 K 线作为基准，比如开盘 5 分钟，价格能站在它上面就做多，在下方就做空。直到出现第二根决定价格成交量的时候，一个新的方向可能要来了。也就是说，放大量不跌，价格就要止跌了，放大量而涨不动，短线就可能涨到头了，这个在分时图上面特别明显，在 5 分钟、5 分钟 K 线上面也可以观察出来。上涨和下跌过程中的成交量要求是不同的，上涨过程需要持续均匀放量，5 分钟 K 线均匀地放量，说明涨势还将继续；如果出现大幅减量或者出现一个非常大的量，上涨就可能要告一段落。下跌则不同，下跌只要在突破一些关键位置的时候放量，下跌趋势就会继续。这是我对成交量的一些理解，也是我看盘面总结出来的要点。如果成交量是不均匀的，那参考意义不大，只有它在急剧变化的过程中，我们才会发现方向有没有改变。

第二，持仓量。我们可以先看早上的增仓区域，如果早上增仓比较多，就以这个区域作为基准，价格在区域上方就容易上涨，价格在区域下面就容易下跌。当然这也不是百分之百准确，只能说有比较高的概率。比如涨到某个价位时，一直涨不上去，而且还在增仓，价格一个比一个低，形成增仓滞涨，是非常好的抛空时机；或者说增仓滞跌，容易触底，意味着行情要反弹。增仓后慢慢减仓的过程中，价格慢慢移动，这个方向就很可能是正确的价格方向，由于涨和跌有不同的特性，所以我们一般只把增仓滞涨作为操作的依据，而增仓滞跌只作为参考依据。也就是说它们的成功率不太一样，我们追求的是做成功率大、胜率高的事件。

第三，价格均线在短线上的运用。价格均线代表的是当天多空的成本线，刚开盘的时候它的作用不是很大，到下午如果产生一个突破，这时就有作用了。这就相当于多空有一方获胜了，获胜的一方肯定是会扩大战果，而不是畏畏缩缩。

在振荡势中，价格会向均线靠拢，当价格离均线远了的时候，我们就往均线的方向开仓；而在趋势行情中，我们要做的则刚好相反，均线往哪边跑，就往哪边做。如果价格一直站在均线上方，我们就在回到均线附近的时候，以不破均线的价格做多，做空原理相同。如何判断振荡行情和趋势行情呢？要运用成交量指标，先确定今天可能的大方向，然后运用持仓量指标加以判断。仓位必须是经过增仓的，才可能出现大的波动，也就是说，如果在低位增仓增量，价格一直在增仓增量区域的上方运行，我们就可以做多；如果一直在高位增仓增量，价格一直在增仓增量区域下方运行，容易出现跳水！上面两种情况我们就按照趋势的思路做。如果早上仓没什么变化，成交量也不活跃，我们就按振荡行情的思路做，等待趋势的突破。这个有效性其实不是很高，也不是一个必然的结果，仅是给大家提供一个参考依据。

第四，多空力量对比。放巨量容易到顶和底，但不一定是最终的顶和底，它有可能是阶段性的高点，这时，可以先不追行情，等待回调或者站稳了再做决定。也就是说，如果不是平台大力突破，而是行情已经发展了一定的距离，放量的时候千万不要追行情。下跌放巨量后缩量上涨，容易见底；上涨放巨量后缩量下跌，容易见顶，市场永远是缩量和放量不断地循环，有规律可循。价格上涨或下跌，持续稳步放量，但是量都不是特别巨大，说明趋势非常健康，也就是说，在量的变化当中，我们要找到一个恰好的点，一般是在顶的回调处、底的反弹处，而不是最佳的点，这样进去是确定方向，会更保险一些。

丁伟锋

2024 年 8 月 1 日

附录：期货之路不能匀速走，而要变速地跑

以下是七禾网 2017 年采访第九届全国期货实盘交易大赛轻量组冠军丁伟锋的文字整理，以问答形式体现，从中可以了解丁伟锋完整的人生经历与投资感悟，重点金句有突出标注，以飨读者。

问：丁老师在 2015 年第九届全国期货实盘大赛中获得了轻量组的冠军，现在市场不断成熟起来，全国大赛也是高手如云，丁老师能够斩获冠军，我想不仅仅是靠运气，请您分享一下自己的夺冠经历与感受？

丁伟锋：总的来说应该是运气加技巧，还是运气成分更多一些吧。那个时间段的行情，恰好比较适合我的操作方法。我是拿着 5 万元去参加比赛的，因为资金量小，所以在操作中胆子够大，敢重仓去搏。想要在轻量组获得冠军，收益率一定要很高。我的方法基本上就是看

准大机会做重仓，如果机会很明确，概率高，还会再加仓几十万元进去做。所以只能说是比赛那段时间的行情比较适合我，而且操作方法也比较得当。

问：我看了一下丁老师在那届比赛中的账户曲线，走势非常好看，很平稳，没有出现其他类似账户波动很大的现象。您是如何做出如此平稳的曲线的呢？

丁伟锋：主要是因为比赛中有一个评比要求就是回撤率，所以我在这方面就有所注意。不过，经过那次比赛，我自己对回撤率有了新的认识。**其实想要复利高，很简单，就是重复去做高胜率的事情**，这样就能够把资金曲线做得很平滑。当然，这里面要去除人性的因素，不能急功近利，要等待自己有把握的机会，抓住就可以了。

问：那次比赛中有一个非常有趣的小插曲，在颁奖典礼上，领取冠军奖杯的是您的父亲，为什么会这样安排？

丁伟锋：因为当时我是用父亲的名字报名的，得了奖，我想既然是以父亲的名义报名，那就带他一起去见识一下。对老人家来说，最开心的事情就是看到儿子小有成就，我觉得他上去领奖比我本人上去领奖有更大的意义。看见家里人高兴，那么我在这场比赛中的收获就是双倍的。

问：您 1998 年就进入资本市场，但直到 2007 年才接触期货，请丁老师谈一谈自己的期货之路吧。

丁伟锋：我进入资本市场最早是从做权证起步的，刚开始做权证的时候差不多 2 年时间就把几万元做到了 30 多万元，但后来权证被取消了，我就转做期货。我的期货之路，相比权证来说就比较坎坷了。

因为那时候自信心爆棚，加上对期货了解不多，市场上也没有相应的培训，全靠自己摸索，做实盘确实比较困难。**一开始的五六年里，我耐不住亏损，不断在更替交易方法。直到后来，我学了国学、哲学，这方面对我的影响超过了技术层面的影响，我才开始慢慢进入"为学日益，为道日损"的阶段。**参加比赛对我来说其实就是一个见证自我的过程，比赛中我的手法已经相对比较成熟，能够知道什么是大胜率事件，希望通过比赛去检验自己到底行不行。

问：您刚刚也提到自己前期有五六年都处在一个摸索的阶段，您在这段时间里应该是比较受折磨的，很多人可能亏损了两三年就会选择退出这个市场，当时是什么原因使您坚持下来？

丁伟锋：挣钱最容易的两种方法，一是用别人的钱挣钱，二是用别人的劳力挣钱。我更适应的是用钱挣钱，这样一来就把自己框定在股票、期货里面。我基本上都会把前面的受苦当作是一种修行。虽然说受了苦，但是对于修行来说，这是整个人生的历练，会让自己对事情的见解有很大的提升。所以在这上面，**我反而觉得苦才是人生，受了苦才有悟，也就是我们常说的处在痛并快乐的阶段。我后来能够走出来，也是多亏在哲学方面有一些思考。**

问：您从 2007 年开始转做期货交易，这十多年的期货之路，您有哪些感悟？

丁伟锋：我认为可以分为三个阶段，分别是见自己，见天地，见众生。前面五六年属于见自己的第一阶段，不停地磨炼自己，把交易当修行，去掉执念，扫除自己主观的想法。那次实盘大赛得奖之后是第二阶段，我在这个平台上获得了很多交流的机会，认识了很多师长朋友，从他们身上学到了很多，得以见天地，同时把自己内心修炼到极其强大。后来我办讲座的时候就属于见众生的第三阶段。每次和学员交流和碰撞，对自己都有很大的提高。因为他们很多人本身就很优秀，我把自己的思路跟他们分享之后，他们也会与我分享在外面学到的东西。我们一起分析探讨，优化策略，寻找最适合自己的交易方法。

问：丁老师目前是以日内波段交易为主，为什么选择日内交易？

丁伟锋：做股票的时候，我就觉得它的唯一缺陷在于 T+1，很多获利的单子都因为这个制度变为亏损，期货则弥补了这一缺陷。大部分人都知道，做股票应该拿长线，做期货则应该适当偏短线。在期货里面选择一条适合自己的路，既能稳定获利，又能顺应趋势，和时间做朋友，那我就选择做日内波段。其实日内波段放长就是做日线，这只是时间周期不一样而已，基本原理是相通的。

问：您有没有尝试过做隔夜或者更长周期的交易？

丁伟锋：隔夜尝试过，再长一点就没有了。做隔夜是因为做久了以后会知道什么是大概率事件。一般情况下，我只有20% ～ 30% 的仓位是过夜的，如果机会很大，仓位会更重一些。不过我也不会太冒险，一定是奔着顺势去做的。

问：在2016 年的时候，黑色系走出来一波非常不错的趋势行情，这种情况下，一些做趋势的操盘手获利颇丰，但是做短线的话可能中间会有一些来回的损耗，收益表现不及趋势操盘手，那时候您还是坚持做短线吗？

丁伟锋：我打个比方，我们生活中有大酒店、普通餐馆、路边大排档，想吃什么完全看个人喜好。在交易中，我从不攀比，只要在自己确定的一个范围内，获得比较稳定的收益就可以了。做大趋势其实也是我将来要突破的一方面，不过我会等到资金容量逼着我去做，不轻易尝试。

问：您的日内短线交易有什么战法？听说您设计了好几套日内交易的独特策略。

丁伟锋：讲战法其实就是"为学日益"和"为道日损"。为学日益是不停地学习，不断地总结；为道日损是要把很多胜率不高的方法去掉。现在我基本上就教学员四招八式，每一招胜率最差也在60%左右，这样子就是把日内的机会当作事件来做。我自己的总结就是不等方法出来，而是等眼前的机会。眼前的机会不常有，但它确实存在，那怎么辨别这个机会，然后简单重复使用就显得特别重要，这里面最核心的策略就是顺势止损。

问：据我了解，您的操盘特点中有一条是胜率在 75% 以上，您是怎样来保证如此高的胜率的？要保证这样的胜率会不会错失一些机会？

丁伟锋：能把握住的才叫机会，如果你盲目做，那不叫机会，这是我对机会的理解。要提高胜率，肯定要去掉一些不属于自己的东西。机会分大中小，小的部分，其中最核心的就是顺势，然后结合形态，这样过滤以后马上就能把胜率提高。我有 80% 左右的胜率，也有 70% 左右的胜率，75% 是各个胜率"勾兑"出来的结果。

问：就您来看，短线交易的门槛高不高，初学者会遇到哪些障碍，用什么方法来克服？

丁伟锋：新手初入市场正处在一个为学日益的阶段，肯定需要不停尝试新的东西，不停尝试的潜台词就是不断亏损，这个过程是没有办法避免的。我教了很多新学员，有人会觉得方法太简单于是去尝试一些新的，但是过一段时间后他发现简单的方法才是挣钱的方法，越接近核心的东西往往越简单。我培训不出高手，只能培训学员稳定盈利。我的原则就是要简单易行，不要太复杂。对新手来说，要尝试新的方法，必须得有强大的心脏。懂得为道日损的时候，基本上就入道了，所以，尽量要用简单易行的策略。

问：新手一开始就学习短线交易，您觉得合适吗？

丁伟锋：我的理念是，如果想在市场上有所提高，就一定要不停地练习。倘若一个月做一次单，一年也就做十几次，这样对自己的提高是不大的。刚开始你可以用总资金的 10% 尝试做日内，然后不停地总结，这样或许能够获得一个较为快速的成长。随后，逐渐把交易频率降低。要保证你大部分资金是安全的，用安全的资金来做确定的行情，这样做成功几率大多了。很多大师敢在一波行情中下重注，如果碰到确定性行情，我肯定也是要做重仓的。我始终觉得，人生的道路肯定不能匀速地走，而是要变速地跑。

问：您目前主要会交易哪些品种？您选择短线品种的依据是什么？

丁伟锋：我现在主要在交易黑色系的品种（主要包括铁矿石、焦煤、焦炭、螺纹钢和热卷），其他的品种塑料会做得相对多一点。首先，我做品种基本上就是做成交量最大的。你要挣钱，最简单的一个道理就是你得去池子深的地方舀水，这时候水舀起来溅出一点也没关系，如果你在池子浅的地方去舀水，一舀就没了，后面还想再舀机会就不多了。这也是我选择成交量最大的品种的原因。最流畅的行情，其实就在有成交量的大品种里面。其次，手续费要低，因为我做的是短线，在手续费上会有较大的损耗。再次，就是要看形态。我们做交易肯定需要一个依据，每个依据会有相应的排名，**我往往把形态放在第一位，成交量在第二位，再后面就是看盘口、速度等。形态是一段时间走出来各种因素的组合，它的参考意义相对于瞬间的成交量来说更大。**如果突破一定区间，那我们就知道这时可能要出现趋势了，也只有这样我们才知道怎么样去做顺势。

问：面对长期震荡与横盘的行情，很多趋势操盘手比较纠结，非常难受，那这种行情对您这类短线操盘手来说怎么样？

丁伟锋：80% 的趋势操盘手是在震荡中死掉的，这很正常。我们做日内交易，如果完全没有自己的主见，只做顺势求一个稳定的盈利，那还是比较好做的。但如果有趋势起来了，那可能这种做法在 100 点的涨幅当中，只能拿二三十点的确定波段。**自己得想清楚，不可能把所有利润都吃掉，赚认知的钱**，可以心安理得地等有明确的机会再做。

问：有一些老师做短线交易操作的依据比较特殊，用的技术是分时图，您怎么看，您在交易中会依靠哪些技术指标？

丁伟锋：我也是看分时图的。有些人讲究的是十八般武艺，而我则更偏向于等待确定性的机会，所以在操作上我可能相对更加轻松。我选择分时图作为交易的依据主要是因为它里面的信息是最充分的，而且很直观，比如说有 W 底或者深 V 等，形态基本上一目了然，然后再结合大趋势，看大做小，这样子就比较方便。

问：您前面也提到，您在做交易的时候如果发现有好的机会会重仓进去，这样操作风险也会随之而来，在您的交易体系中，是怎么控制短线交易风险的？

丁伟锋：这里面最核心的就是资金管理。资金管理一般就是盈利加仓，先用五分之一左右的仓位去做，做完之后如果感觉很好，就马上加仓，如果感觉不对，就先减仓。如果出现亏损，但是你的逻辑没错，可能还可以加一次仓，不过加仓一定要设很小的止损。当然这个也和资金量有关系，如果是小资金亏损以后马上撤退没问题。我在和众多大佬交流的时候发现他们一般都是逻辑止损，你不可能一进去就找到一个最好的点，我们能做的就是给自己的行为留一定的空间，这样一来我们不会频繁止损，二来也知道自己开仓的逻辑是顺势的，只要趋势没变，稍有回调也是很正常的。这时千万不能盲目亏损加仓，如果你加仓了，就意味着你的止损点很小了，一达到马上就要平，最起码要把加仓的部分平掉，如果还不对，就马上把所有的单子都平掉，这也是防止大亏最重要的核心。

你可以设置一定的亏损金额止损，或者用逻辑止损，在这里面要灵活运用。当然，做到最后就能稍微随意一些，倘若你的盘感比较好，感觉不对就止损，这样子止损是最小的，我们也可以把资金曲线做得很好看。止损要有自己的逻辑，一定是要顺势止损，如果你能够找到盈利加仓点，那更好，对自己来说也是很大的突破。我们现在讲的是日内，如果是讲日线级的，像他们原来那些期货大佬，肯定是在日线级抓住了一个加仓点，加仓之后止损肯定也是很小的。所以我这方法做日内或者做大趋势都没有问题，它只是教你识别如何做到一个确定性行情，然后在里面反复做减法。

问：您的单笔止损会怎么做？

丁伟锋：我现在的单笔止损一是看逻辑，一是定一个固定的金额。

比如说是 100 万元的，最多就亏损两万，如果是五分之一仓位，核算一下亏到两万就出来。反正刚开始肯定不会满仓做，所以它的区间还是蛮大的，不会一进去一两跳就给你止损掉。

问：您加仓的底线是否为不能亏损出局？出局的话是分批出还是一起出？

丁伟锋：对，最起码你加了仓的部分只能亏损很小，要马上出来。然后你原来的底仓肯定要在回调到一半，即我一直强调的大阳线吃掉一半的时候就出来。日内机会多得是，但你的本金一定不能少。至于出局，我现在是分批，但其实没有固定模式，都是按照个人的心理承受能力或者理想的收益去做的。

问：您曾表示要利用周期共振来抓突破，也请您详细介绍一下。

丁伟锋：多周期其实就是分钟线、小时线、日线、周线、月线。在这里面主要是复盘的功夫。如果在一个位置十五分钟线、小时线和日线均出现突破，那就说明那个位置的可参与度很高，可以重仓去做，止损点也可以设置得比较小。我们再把多周期共振放大到宏观面、基本面和技术面，那现在的黑色行情就很好理解了。第一，宏观面肯定是基建在不停增加，国家的意思也是要在这方面加大投入；第二，从基本面看，钢厂的库存一直在减少；第三，技术面上黑色又在不断创新高，这三个要素处于共振的情况下肯定是不能做空的。什么时候做空？等到最后一根阳线吃掉一半或者吃完我们再考虑。包括这一波铁矿石走出来也是在底部突破，但它的基本面不是很好，所以走得一直都比较别扭，不过由于钢厂对于高品类的铁矿需求一直很旺盛，最重要的是在技术面也出现了突破，因此它能再走出一波行情。

问：我在听您讲的过程中，发现您对基本面也是非常关注的，一般来说我们接触到的很多短线操盘手可能对基本面并不是特别关注，而是更着重于去观察一些技术面的指标来做交易，您也是做日内波段，为什么会考虑到基本面的信息？

丁伟锋：基本面、宏观面是在复盘的时候用的，复盘时我们的格局必须大一点，给自己一个解释，解释通了就说明这个行情是能够走得完整一点，这样心里底气就足。加上我们本来就是看大做小，只有结合基本面、宏观面的大趋势，才能知道什么形态可以做多，什么形态可以做空，什么时候缩手不动，从而去掉一些概率不高的事件，只做有把握的机会。

问：您看 K 线吗？主要看什么周期的？

丁伟锋：会看，基本上看 5 分钟周期的。虽然我主要做黑色系，但是所有的品种都会关注，主要就是看其他品种的 5 分钟 K 线，这样就去掉了很多信息。我看分时图需要充足的信息，但是我看其他品种就不需要那么多信息了，5 分钟就可以。

问：您强调大道至简，在交易中是如何实现这一点的？

丁伟锋：我说过"为学日益"的过程是很漫长、很痛苦的，要等到最后进入"为道日损"的阶段，我们才能做到大道至简，这其实是要下功夫的。我的很多学员在来之前都亏得一塌糊涂，但在亏损的过程中也将走过的路夯得很实了。他们再来听我的课学简单的技巧，回归到交易的本原上去，对他们来说重要的是去掉主观判断，而不是急着挣钱。你要挣钱，就必须等待一个明确的行情。有一句俗话说，好财不入急门，越急越吃不到热豆腐。知道做减法，简单好用的方法，我觉得这就是大道至简。

问：目前市场上期货类的培训琳琅满目，除了一些理论派的课程，还有一些实战操盘手也出来讲课，包括您，您是出于什么目的出来做培训？

丁伟锋：我以前跟《期货日报》做了很多场的公益讲座，我觉得这件事对多方都是有益的，也是大家共同期望的，能把所学和实践结合起来，加上老师的指点，可以让很多学员少走弯路。学习，最重要的是要多方受益，包括我自己也一直在跟大家学习。有学员表示要跟我一起把期货教育培训这件事情做大，这其实就是对我的认可。现在已经是共享经济，可以把所有的资源和大家共享，然后做所有人都有收益的事情，我觉得这样是最好的。

问：丁老师，据说您每天晚上9点钟要开始做夜盘，白盘和夜盘都做，很多短线操盘手因为白天4个多小时全在盯着盘面，会感觉非常累，所以不少人会选择放弃夜盘，您还如此"尽忠职守"地盯夜盘，是怎么考虑的？身体不累吗？

丁伟锋：我是真的喜欢做交易，把交易当成了我的生命。十几年来，只要开盘我几乎天天都在盘面上，家里也属于"国泰民安"的状态，不需要太操心，那我就全身心投入交易之中。我现在的交易方法很简单，平时不用时刻盯盘，只是各个品种看一眼，就等一个概率大、确定性高的机会出来，这样操作其实也不是很累，白天基本上就是喝喝茶，等机会出来确认后再进去做，也不着急。另外前面也说了，日内波段一天只有三五次或一两次，那我每次进去后，做好止损就可以了，最多就是把止损平掉，损失不大。按我这样的模式，就是抓大放小，我觉得做夜盘也不累，反而效率更高，亏钱更少。不过话说回来，做交易本来就需要一种定力，没有业余的爱好，有时候挺无趣的，时间长了可能会觉得有点疲惫，但是已经习惯了，一时也难改。我父亲当农民一辈子在田间劳作，也从没听到他抱怨一声，所以，既然投身做交易，我觉得这就是一个非常好的修行途径。

问： 最后，想请您分享给广大投资者的建议。

丁伟锋： 在期货市场，永远要拿结果说话。我希望大家在这个市场上都能做到最起码不亏损，不亏损最简单的就是少操作、少交易，控制好资金回撤，这样我们肯定能在这个市场上活下去。活下去，用对策略和技巧，坚持一套客观的交易系统，长期赚钱为正，大家做期货就越来越有信心。

《职业交易员的自我修养（认知篇）》

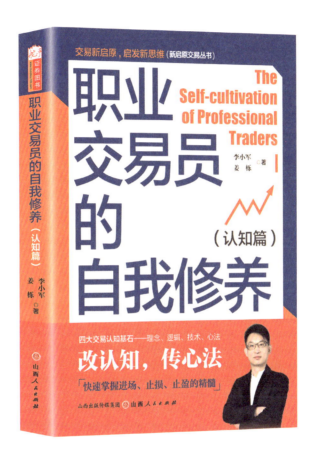

改认知，传心法

交易之家始创人李小军首部重磅新书

书号：978-7-203-13472-5

《期货交易策略》《职业期货交易者》

不朽经典，期货交易界的先知
斯坦利·克罗的箴言录

书号：978-7-203-08002-2
　　　978-7-203-08003-9

《施瓦格期货分析全书》1、2

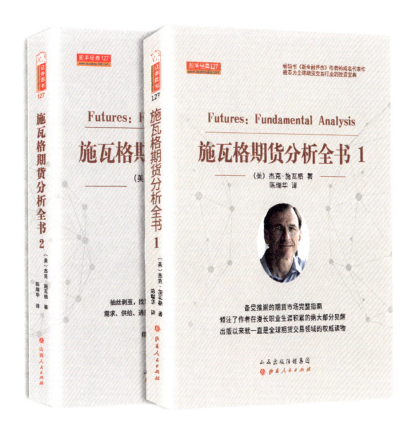

全球期货交易领域的权威读物、完整指南

书号：978-7-203-11583-0
　　　978-7-203-12784-0